The Boattum Line

Books by Pat Anderson

NOVELS
The McGlinchy Code
The Crimes of Miss Jane Goldie
Torrent
A Toast to Charlie Hanrahan
Catalyst

FACTUAL
Clash of the Agnivores
Fear and Smear
Never Mind the Zombies
Yellow Peril
Rattus Agnivoricus
Damned Agnivores
Up to Our Knees

FOR CHILDREN
The Skyscraper Rocket Ship
The Ceremony at Goreb Ridge
The Brain Thing
The Football Star
Mighty Pete and the School Bully School

The Boattum Line

THE TRUE STORY-A RAYNJURZ' JOURNEY
BACK TAE THE TOAP

Billy 'Burger' King

Snowy Publications MMXVIII

Copyright © 2018 Pat Anderson

All rights reserved.

ISBN: 1983606634
ISBN-13: 978-1983606632

Gauin' fur 55

Contents

Foreword..ix
Preface..xi
Intraduckshin... xiii

1. The Same Club 1

2. Crooks In Charge 12

3. The Real Raynjurz Men Return 22

4. Magic Hats 32

5. Back in the Toap Tier 40

6. A Feenyin Infiltrator 49

Foreword

As you no doubt will have noticed, this is a rather thin volume – and thank God for it! I can speak Glaswegian with the best (or worst) of them, but writing it is a completely different matter. Billy insisted that I write things exactly as he said them and stated that he'd have no truck with any 'poncey' language. I've done my best; hopefully, it's okay.

Fortunately, discounting our accent, Glaswegian is more accessible than other Scottish dialects; there are no 'kens', 'dinnaes' or 'fit likes' in it. Once you see it written down, it becomes apparent that Glaswegians actually say many words in much the same way as Received Pronunciation. Hopefully, everyone is able to read it without problems. It would probably help to mouth the words as you read them.

The biggest problem, of course, is the glottal stop, which Billy used throughout the messages he left on my phone. If I were to reproduce this, then every page would be covered in even more apostrophes that they already are. This would make the book nearly impossible to read, so you'll just have to imagine those glottal stops!

As for the content, you'll have to remember that poor Billy is practically illiterate so everything he was relating was done completely from memory. Obviously, there will be a few items and occurrences missing from the narrative. Another consideration to bear in mind is that Billy is more than a little biased and this, of course, affects his account.

Anyway, here's the other side of the story. Take it as you will!

Pat Anderson

January 2018

Preface

Awright, troops? Ah wiz a bit worried daein' this book in case that Anderson wan wrote stuff thit Ah didnae say. Ma maw's read it aw oot tae mae an' it aw seems tae be okay. Ah've no' hud a chance tae see the cover yit, though, so Ah jist hope ay hisnae pit anyhin' against Raynjurz oan it.

It's been hard tae remember evryhin' thit happened, but Ah hope Ah managed tae get the gist-y it aw. Thur's nae wye Ah couldn've remembered the scores-y aw they games but, luckily, wae've goat quite a few anoraks doon the ludge, so they wur able tae keep mae right.

Anderson wiz askin' mae aboot notes 'n references 'n hings but Ah'd nae idea what ay wiz oan aboot. It sounds tae me like jist some wye tae get mair pages in yer book so ye kin charge mair fur it. A waste-a bloody time!

Anywye, efter aw the lies thit huv been sayed aboot Raynjurz, Ah thoat it wiz time tae pit the record straight. Wae've been battered aboot frae pillar tae post, cheated like fuck an' treated worse thin any club in the history-a fitba', but wur still here. They kin try aw they waant tae destroy wur team but they'll never succeed, coz We Are The Peeppul!

A big thanks tae aw the boays doon the Harthill Hullo Hullo William of Orange Red Hand Apprentice Boys Loyal Defenders Lodge Number 69 fur aw thur help. An' a special mention fur the regulars doon the Louden, who kept mae right oan aw the cheatin' thit's been gauin' oan in Scottish fitba'.

Ah hope yez aw enjoy the book an' find it fuull-a useful information tae counter aw the lies frae the Taigs.

Billy 'Burger' King

January 2018

Intraduckshin
Hector The Feenyin

It goes withoot sayin' thit success breeds jealousy an' thur wur plenty-a folk thit wur jealous-y Raynjurz' success. In May 2011, Raynjurz won thur 54th title; a world record thit still stauns tae this day. It wiz a glorious time tae be a bear. The doonside wiz that it wiz Walter Smith's last season it Ibrox, but Ally McCoist wiz ready tae take ower in the new season, so hings wur awright.

The greatest manager in the history-a fitba', Walter Smith, hud nae money tae spend that season; evryhin' wiz done oan the cheap. But stull ay managed tae win Raynjurz' third title in a row – wi' nae dough! The Tarriers wur fuckin' fumin', coz they'd aye made oot thit Walter wiz jist a chequebook manager. It wiz great tae see um prove thum aw wrang.

Behind the scenes, though, hings wurnae that great, though wae didnae know it yit. Aw we knew wiz thit Sir David Murray wiz lookin' fur early retirement an' a long rest. Ay certainly deserved it fur evryhin' ay done fur Raynjurz – winnin' jist aboot evryhin' in Scotland an' daein' well in Europe against the cream-a Yoorapeein' teams. Before ay could pit ays feet up, though, (Aye, Ah know ays no' goat any feet, but yez know what Ah mean) ay hud tae sell the club. The problem wiz thit naebdy waanted tae buy it.

Emdy thit boat Raynjurz wiz gonny hiv tae pye aff aw the debt; no' thit thur wiz that much tae pye aff. Sir David hud managed tae bring aw Raynjurz' debts doon, but thur wiz another, big cunt-y a debt hingin' ower the club; a fuckin' big tax bill. That wiz what wiz pittin' folk aff buyin'. The truth is, though, thit the debt wisnae real.

Maist Tarriers ur pyoor tramps, sittin' oan the dole thur hale lives but some-y thum huv managed tae get intae high positions in aw different joabs, usually through cheatin' an' bein' sleekit.

Three-y thum hid even made it tae the toap-y HMRC; thur names wur Declan O'Taig, Declan O'Tarrier an' Declan O'Fenian. These three decided thit the only wye they could stoap Raynjurz wid be tae destroy thum an' pit thum oot-y business. That wid leave the coast clear fur Sellick tae win evryhin'. They came up wi' a plan tae dae this.

Fur years, Raynjurz hid been runnin' a perfectly legal system-a giein' loans tae players. Aw this wiz above-board an' wiz always shown in the club's accounts. The Three Declans, though, goat the Government tae chynje the rules so thit the loans, EBTs they wur called, wur illegal. Then they goat HMRC tae start chasin' efter Raynjurz, even though ye cannae back-date a chynje in the law.

Wi' HMRC pittin' the squeeze oan Raynjurz, the bank decided tae dae the same. They moaned like hell aboot a measly few mullyin quid, an' even pit wan-y thur ain men oan the board tae keep tabs oan what money wiz comin' in. That's how Walter didnae hiv money tae spend oan players; the tight-fisted fucker frae the bank made sure ay didnae get any.

Hings wur gettin' desperate, wi' Sir David lookin' mair an' mair tired; ay definitely needed a rest. Wi' the bank insistin' thit ay sell tae the first cunt thit came alang, Sir David wiz feelin' the pressure. An' then alang comes Big Fanny-Baws, Craig Whyte, fresh frae Monte Carlo, lookin' tae take advantage-y Sir David's good nature.

Aw the Raynjurz-Haturz in the Scottish meeja waanted Big Fanny-Baws tae buy the club; sumhin' thit should've hud alarm bells gauin' aff in the Blue Room. They gie'd iz aw a load-a shite aboot Whyte bein' a billionaire an' hivvin' 'wealth aff the radar' 'n 'at, makin' oot thit ay'd bae the best hing ever tae happen tae Raynjurz. Efter aw, ay styed in Monte Carlo, where aw the rich folk lived, din't ay?

Some-y the Raynjurz board tried tae warn um, but Sir David wiz desperate and wiz dooped wi' aw theym in the papers. Ay wiz that desperate thit Big Fanny-Baws persuaded um tae sell the hale club fur-a pound. Ay promised, though, tae pye aff aw the debts an' make some badly-needed investment in the club. Tae the rest-y iz it looked as if thur wiz nuhin' tae worry aboot.

An' that wiz the Murray era ower, jist like that. It hud been a brullyint time tae be a Raynjurz supporter; nine-in-a-row, a UEFA Cup final, nearly aw the wye in the Champions League and reachin' a world-record 54 titles. Evrybdy knew thit Raynjurz wiz the maist successful club in the hale world. No' thit wae ever bragged aboot it ur anyhin'; no' like they wans acroass the city, aye gauin' oan aboot thur Yoorapeein Cup, even though winnin' it wiz easy back then. An' so, Sir David, efter years-y ploughin' ays ain money intae Raynjurz, went aff intae the sunset tae enjoy ays retirement.

Hings wur lookin' good durin' the summer. Raynjurz goat rid-y a loat-a dross an' broat in some excitin'-lookin' players. Thur wiz Whan Manuel Awteeth, Kyle Bartley, Bedoya, Bockaneggra an' even Lee Wallace. Wae wur aw lookin' forward tae the new season; wi' Sooperally in charge, loads-a new players an' Whyte pyin' aw the bills, wae didnae hiv tae fear emdy.

Meanwhile, ower it Sellick, they didnae hiv much tae look forward tae at aw. Wi' Lennon the Bigot in charge, they'd nae chance-y winnin' anyhin'. Aw Lennon hud achieved in the previous season wiz tae cause a referees' strike. Ay wiz pish; he knew it an' aw the Tarriers knew it an' aw. Ay wiz nuhin' but a wee ned thit hud started a fight wi' big Haj Doof an' then tried tae attack Ally McCoist. It didnae matter what kinna players Sellick hud; Lennon wid make sure they won bugger aw.

Yoorapeein matches didnae go very well fur Raynjurz that summer. In the first qualifier fur the Champyins League, wae goat beat wan-nuhin' bae Malmo. The goal wiz a lucky wan; ironically enough scored bae sumdy called Larsson. That name wiz synonimusis wi' lucky goals against Raynjurz. The return match, in Sweden, wiz a draw, wi' loads-a cheatin' tae make sure Malmo went through.

The bigots an' Raynjurz-Haturz in FARE made up a pile-a shite aboot Raynjurz supporters singin' sectarian songs an' that goat iz banned frae gauin' tae Sweden tae support the troops. Even if thur wiz any singin' it wiz a tiny minority thit wiz daein' it an' the cunts must've strained thur ears tae hear it. An' it's funny how they never dae anyhin' aboot *theym* singin' aw thur bigoted songs aboot the IRA an' killin' Prodissints 'n 'at. Anywye, Raynjurz hud tae play in front-y a hostile crowd.

The cheatin' referee sent aff two-y wur players tae make sure thit Malmo hud mair-y a chance; even then they could only manage a wan-wan draw. It wiz enough fur thum tae go through, though. It makes ye wonder how minny mair trophies Raynjurz wid've won ower the years if it wisnae fur hivvin' tae pit up wi' cheatin' officials!

It wiz doon tae the Europa League qualifiers, wi' two games against Slovenian club Maribor tae get by. Thur wur a few mistakes ower there in the first leg, lettin' Maribor win two-wan. The second leg it Ibrox, though, wiz aw doon tae another cheatin' referee. Raynjurz wur denied two clear-cut penalties an' the game ended up a wan-wan draw. That meant thit Raynjurz wur oot-y Europe before Christmas. It least it meant thit Ally could concentrate oan the domestic front.

Sellick, meanwhile, cheated thur wye intae the Group Stages-y the Europa League bae grassin' oan Swiss club Sion fur hivvin' an ineligible player. Justice wiz done, though, when they goat beat in evry game an' goat knoacked oot withoot even scorin' a goal.

In the Premier League, Ally wiz daein' brullyint in ays first season in charge. Efter a shaky start; a wan-wan draw wi' Hearts, Raynjurz went oan tae win aw thur games, includin' beatin' *theym* 4-2. Wae went intae 2012 a fuull fifteen points ahead-y thum; even Motherwell wur ahead-y thum iz they languished in third place. It wiz gonny take a miracle fur thum tae catch iz. An', by God, a miracle wiz aboot tae come thur wye.

They aw knew thit the only wye Sellik could win wid be tae nobble Raynjurz, so the Three Declans looked fur sumhin' else tae cause trouble. They fun' it, or sayed they did. Thur story wiz thit Whyte hidnae been handin' ower the PAYE frae the club's employees. That wiz the straw thit broke the camel's back.

In February 2012, the announcement wiz made thit Big Fanny-Baws wiz pittin' Raynjurz intae administration. When the adminstrators wur finally appointed it meant thit Raynjurz wur docked ten points. That wiz enough fur the Taigs tae win the league; especially since morale it Raynjurz hit rock-bottom. The Three Declans' plan worked a treat an' Sellick went oan tae win the first-y thur tainted titles.

An' then aw the truth started tae come oot aboot Whyte; how ay wiz nuhin' but a crook 'n 'at. BBC Scotland wur aw smug because they'd hud a documentary aboot Whyte away back in October, wi' hings aboot um bein' dodgy 'n 'at. That hing wiz a load-a shite, though, made bae aw the Raynjurz-Haturz it the BBC. When it comes tae Raynjurz, thur've been only two journalists thit kin bae trusted: Jim Traynor an' wee Chick Young. It wiz when Big Jim tellt iz in the Daily Record aboot Whyte thit it wiz obvious it wiz the truth.

So what wiz the story wi' Big Fanny-Baws? Well, ay styed in Monaco, din't ay? An' that tells its ain story. Correct mae if Ah'm wrang, but is that no' a Kafflick country? Even if it's true thit ay only rented a flat there, nae self-respectin' Raynjurz supporter, like what he sayed ay wiz, wid go an' live among people like that. Christ, ay might iz well huv went an' lived in the Vatican!

Thur's also ays friendship wi' Peter Lawwell. No' minny folk know aboot that, but a guy doon the Louden wiz tellin' iz. Lawwell an' Whyte huv been bestest buddies fur years an' they probably cooked up the hale scheme tae destroy Raynjurz frae within between thum.

The meeja wur overjoyed it Raynjurz' plight; especially since they hud helped tae cause it aw. Wi' aw the lies aboot Whyte bein' a billionaire 'n 'at, even Jim Traynor wiz dooped. They aw gethirred roon' the story like flies roon' shite an' the sheer hatred fur Raynjurz wiz drippin' aff evry wan-y thum, apart frae the obvious two. It wiz sickenin' the wye they gloated an' made predictions aboot Raynjurz disappearin' fur good. It wiz obvious thit that wiz what they waanted tae happen.

They even went roon' interviewin' Raynjurz supporters in the street, hopin' thit folk wid start greetin' ur sumhin'. They even interviewed me, but Ah pit a brave face oan an' appeared upbeat; Ah widnae gie the fuckers the satisfaction. Ma wife, Betty, says Ah never looked mair handsome an' the tape-y ma interview hiz become a regular part-y oor foreplay.

Anywye, the papers tried tae rub wur noses in it bae makin' up stories aboot the wans thit wur tryin' tae buy Raynjurz. Ah mean, Bill Ing; who the fuck's gonny believe thit that wiz a real person? It hud tae be a joke; an' a bad-taste wan it that. Wi' aw the bother Raynjurz wur hivvin wi' pyin' hings, makin' up sumdy called 'Bill Ing' wiz a disgustin' hing tae dae. It jist proved what a bunch-a Raynjurz-Haturz wur workin' in the Scottish meeja.

Thur wiz a real Bill interested in buyin' Raynjurz; ays name wiz Bill Miller. He wiz an American thit knew hardly anyhin' aboot fitba' an' knew nuhin' at aw aboot the Mighty Raynjurz. That wiz obvious when ay started comin' oot wi' hings like 'financial discipline' an' the club hivvin' tae live within its means. Ah mean, fur fuck's sake; how the fuck wur Raynjurz supposed tae compete wi' *theym* if they didnae spend any money?

Miller's plan wiz thit wae shoulnae spend any extra money tae wae goat aw the debt doon. That wiz gonny take fuckin' years! Kin ye imagine us, the maist successful team in the World, hivvin' tae hover aboot the boatum-y the league while *they* won title efter title? It didnae even bear hinkin' aboot.

Aw the bears broat hame-made banners tae Ibrox an' sent um loads-a e-mails 'n 'at, politely tellin' um tae fuck right off. What we waanted wiz sumbdy wi' plenty-a money thit ay wiz gonny invest in the club; no' some fuckin' skinflint like Fergus McCann!

The wans thit aw the Raynjurz supporters waanted wiz the mob callin' thursel's the Blue Knights. Walter Smith an' Graeme Souness wur baith involved in this consortium an' that's what Raynjurz needed – Real Raynjurz Men runnin' the club. The administrators, though, Duff an' Phelps, kept pittin' obstacles in the wye-y the Blue Knights, makin' up pish aboot thum waantin' tae pye wi' money thit people owed tae Raynjurz an' sayin' thit they wur involved wi' Ticketus 'n 'at. Eventually, the Blue Knights goat fed up wi' aw the hassle and jist puullt oot.

What should've happened wiz thit Scottish fitba' should've been helpin' Raynjurz oot insteed-y kickin' iz when wae wur doon an' takin' away points an' pittin' transfer embargoes oan iz. Raynjurz *ur* Scottish fitba' an' the hale thing wiz gonny collapse withoot iz. If they let Raynjurz die, then they'd aw bae cuttin' thur ain throats.

The SFA, the SPL an' the SFL should've been gettin' aw the clubs in Scotland thigither tae hammer oot some wye tae get Raynjurz' debts pyed aff. Fur mair thin a hunner years, the hale-a Scottish fitba' hid been livin' aff the Blue Pound; it wiz time fur some pyeback. Every club in Scotland should've been forced tae hand ower money tae pye HMRC an' the rest-y the creditors. If they couldnae hand it ower in wan lot, then the cost could've been spread ower a few years. Then the club should've been handed ower tae the Blue Knights fur nuhin'. That's what should've happened.

Naebdy, though, wiz prepared tae help iz oot. The ungrateful bastards forgoat evryhin' Raynjurz hud done fur Scottish fitba' an' jist turned thur backs oan iz. Sellick, meanwhile, wur spreadin' aw manners-a lies behind wur backs an' thur wur even a few bribes handed oot tae make sure thit naebdy, but naebdy wiz gonny help Raynjurz.

Then, a new guy appeared oan the scene that naebdy hud ever heard-y. Ays name wiz Charles Green an' he wiz lookin' tae talk aw the creditors intae acceptin' a CVA, gettin' pennies in the pound. It wiz a last-ditch effort tae save Raynjurz; aw evrybdy could dae wiz pray thit it worked.

Of course, the Three Declans wurnae gonny pass any CVA. Even if aw the teams in Scotland *hud* chipped in tae save Raynjurz, they three bastards wid've pit some kinna obstacle in the way. Iz evrybdy expected, the CVA wiz knoacked back an' that wiz it. 140 years-a history doon the lavvy pan.

The Scottish meeja wur aw ower the story, gloatin' like fuck. Thur wur front pages evrywhere, announcin' the death-y Raynjurz. So, the game wiz a-bogey; The Peeppul didnae huv a team tae support any mair. Scottish fitba' wiz fucked. Raynjurz wur deid. Ur wur they?

The Boattum Line

Chapter Wan
The Same Club

While aw the Raynjurz-Haturz wur jumpin' aboot, celebratin', nane-y thum noticed somehin' thit hud happened jist before Duff an' Phelps handed hings ower tae the liquidators, BDO. The club hud been sellt tae Charles Green an' it wiz only the compny thit wiz bein' liquidated.

Ye get aw manners tryin' tae argue thit the club an' the compny wur the same thing, but how could they be? How kin two different hings bae wan an' the same; what the hell dae they hink it is, God or sumhin'? They wurnae even called the same hing. The compny wiz called The Raynjurz Fitba' Club Ltd an' then it goat changed tae The Raynjurz Fitba' Club PLC. It didnae matter what the compny wiz called; the club wiz called Raynjurz.

When the Gallant Pioneers started up Raynjurz, they didnae dae it oan the Stock Exchange, did they? They goat thigither wi' some other Prodissint boays oan Glesca Green an' started kickin' a fuckin' baw aboot. That wiz the club. A compny wiz needed later oan tae pye fur hings an' collect the ticket money 'n 'at, but that wiz totally separate frae the club, which wiz the players an' manager 'n 'at. Right frae the very beginnin' the club an' the compny wur two separate hings.

Duff an' Phelps chynjed the name-y the compny tae Raynjurz 2012 an' that wiz what wiz bein' liquidated. The club wiz sellt tae Green *before* liquidation, so it hud nuhin' tae dae wi' it. Iz faur iz the club wiz concerned, it hud simply been boat bae another compny; it wiz stull Raynjurz.

It's like ma granny's auld council hoose. When she died, somebody else moved intae the hoose. When Ah point the hoose oot tae the weans, Ah don't say, 'That used tae be ma granny's hoose,' dae Ah? Ah point tae it oot the bus windae an' say, 'That's ma granny's hoose!' Thur might be a different name oan the door an' oan the rent book, but it's stull ma fuckin' granny's hoose!

Another wan Ah've heard is aboot Kit-Kats. Kit-Kats wur aye made bae Rowntree but nooadays thur made bae Nestles. It's owned bae a different compny but it's still a fuckin' Kit-Kat, in't it? An' thurs nothin' chynjed aboot Kit-Kats; thur stull the same size an' shape an' come in the same wrappers an', unlike ma Betty, ye cannae get mair thin four fingers in wan.

Ah've heard other folk gauin' oan aboot 'injin-room subsidiarieses' 'n 'at but, tae bae honest, Ah don't understand any-y it. Aw wae need tae know is that Raynjurz wurnae liquidated, it's stull the same club an' emdy thit says different kin get tae fuck!

We wurnae too sure aboot Green it furst an' the Raynjurz Supporters Trust wiz sayin' thit wae shouldnae buy season tickets. Another mob came in tae try an' buy the club aff Green an' we wur aw oan their side, coz Walter Smith wiz in wi' thum. They ended up puullin' oot, though, so wae hud tae make the best-y hings.

Ally decided tae stye wi' the club, so that wiz wan hing in Green's favour an' then Green went ower tae say hullo hullo tae the supporters ower in Belfast. That showed thit ays heart wiz in the right place an' thit aw wur fears wur groundless. Wan hing needs pit straight, though. It wisnae Green thit saved Raynjurz; it wiz the fans. Aye, he coughed up the money, but if we hudnae chased aw the other potential buyers away wi' wur banners an' death threats 'n 'at ay widnae've been able tae buy it, wid ay?

Anywye, Raynjurz hud been saved an' it wiz obvious thit aw the Haturz it the SPL an' SFA 'n 'at wurnae happy aboot it at aw. So, d'ye know what the dirty bastards done? They demoted Raynjurz right doon tae the Third Division. It wiz probably illegal tae dae that, but they wurnae carin'; iz long iz they could get it Raynjurz they'd dae anyhin'.

Green stood up tae thum aw, callin' thum oot fur the bigots they wur, but it made nae difference. Peter Lawwell hud aw the other clubs either bribed ur intimidated intae agreein' wi' um an' even other clubs' supporters wur bullied intae sayin' they didnae waant Raynjurz in the SPL. No thit they needed much persuadin';

thur aw jealous-y us an' fuckin' hate iz wi' a vengeance.

Naebdy seemed too concerned aboot the toap tier practically dyin' withoot Scotland's number wan team in it. Aw thit mattered wiz Sellick bein' able tae win tainted title efter tainted title. They couldnae beat iz oan the pitch, so they hud tae resort tae sleekit, cheatin' means tae win. They knew thit the only wye they could win the SPL wiz if Raynjurz wurnae in it. They tried tae kill iz an' when that didnae work, they shoved iz doon tae the lowest division.

Ye should've seen thur fuckin' faces when wae aw queued up tae buy season tickets. The papers wur aw blazin', tellin' lies aboot folk swindlin' kids' tickets 'n 'at, but we didnae care. We'd show thum aw thit wae'd support wur team through thick an' thin. They could dae what they liked tae iz but we wid stand tall. Charles Green, meanwhile, gie'd everyhin' the personal touch, bringin' oot cups-a tea fur the wans queuin' and giein' the weans wee boattles-a ginger 'n 'at. It made ye feel proud jist staunin' there, drinkin' in the good, Prodissint atmosphere.

Even though they tried tae say wae wur a new club, it didnae stoap thum frae continuin' the transfer embargo. A few traitors, like Naismith an' Whittaker buggered off, leavin' Ally wi' a depleted squad. The embargo meant that ay couldnae bring emdy else in so ay wiz jist gonny hiv tae stick wi' what ay hud. It wisnae enough thit Raynjurz hud been booted doon tae Division 3, the fitba' authorities wur tryin' tae make it iz hard iz they could fur iz tae work wur wye back up tae where wae belang.

While aw the obsessed Sellick supporters wur gauin' oan (an' oan an' oan an' oan) aboot Raynjurz bein' a new club, they wur aw gettin' thursel's worked up aboot the First Tier Tax Tribunal. Since the Three Declans couldnae prove thit Raynjurz owed tax oan the EBTs, they'd decided tae take it tae court. The Taigs wur jist aboot cummin' in thur pants it the prospect-y Raynjurz bein' fun' guilty. The stupid cunts didnae realise, though, thit it wiz the auld compny thit wiz up in court so it didnae affect Raynjurz in the slightest.

Mair worryin', though, wiz the SPL's enquiry intae whether Raynjurz hud cheated ur no'. Again, it wiz funny how they wur stull gonny pursue this, even though they tried tae make oot thit Raynjurz wur a new club. They wur threatenin' tae take away some-y Raynjurz' titles an' gie thum tae *theym*, so Green wisnae too happy aboot it. The wye thit Green stood up tae the bastards, tellin' thum that they'd no' bae takin' any-y wur titles made um even mair-y a hero in oor eyes.

The SPL enquiry wiz gonny bae headed bae Derek Nimmo; sumhin' thit didnae look too good fur Raynjurz. Why the hell they picked some actor tae be in charge is a mystery an' somehin' thit naebdy ever explained. The fact thit the guy always played monks an' priests oan the telly probably hud somehin' tae dae wi' it. Nae self-respectin' Prodissint wid ever dae such a thing, so the guy wiz obviously gonny be a Raynjurz-Hatur.

Anywye, Raynjurz' furst game-y the new season came in July against Brechin City in the Harry Ramsden Cup. This wiz the furst time thit Raynjurz hud ever took part in this competition since it wiz jist fur teams thit wurnae in the SPL. Raynjurz wurnae allowed tae play any friendlies durin' the summer break, so they wur a bit rusty an' the game went tae extra time. Class eventually showed through, though, an' Raynjurz won the match two-wan.

Even playin' this match wiz a big stooshie. Since the Raynjurz-Haturz it the SFA wur sayin' thit Raynjurz wur a new team, they gied iz a fuckin' *temporary* licence tae play this match. It wiz testament tae the spirit-y the players thit they didnae let thur heids go doon wi' everyhin' thit wiz bein' flung it thum. They aw walked oantae the pitch an' aff it again wi' thur heids held high.

The next match wiz in the League Cup against East Fife it Ibrox. Wur players wur obviously mair settled it hame an' came oot the easy four-nuhin' winners. Wi' bein' stuck in the Third Division, the League Cup an' the Scottish Cup wur Raynjurz' only chances it showin' thur mettle against SPL opposition. They'd aw bae greetin' when they saw how good Raynjurz stull wur an' realise how much they missed iz in the SPL.

Wur furst game in the Third Division came jist a few days later, away up in Peterheid. This match ended up a 2-2 draw, wi' Peterheid gettin' in a couple-a lucky strikes. It wisnae the best-y starts but it wiz early days an' the team wur stull tae get used tae playin' in front-y tiny crowds thit gie'd an atmosphere like a schools match. It took a while tae acclimatise an' Raynjurz didnae win an away game in the league until the end-y October.

Thur wiz another problem thit Raynjurz hud tae face iz well. Fitba' doon in the lower divisions is a different game awthigithir frae the game in the SPL. The game in the toap tier, an' mibby even in the second, is aw aboot skill an' fancy footwork. (Except fur Sellick, who jist boot every cunt aff the park an' cheat like fuck.) Doon the leagues the game's a bit mair basic. Punchin', kickin' an' shovin' are aw accepted parts-y the game in the lower divisions an' the referees let thum aw away wi' murder.

Raynjurz wurnae used tae this style, if ye kin call it that, -a playin'. Aw the hammer-throwers wur able tae bully an' intimidate oor players an' thur wiz nae protection at aw aff the referees. It wiz jist wan mair stick fur the SFA tae use against Raynjurz; instructin' thur officials tae jist let the opposition tae boot utter fuck oot iz. Oan the other hand, if wan-y oor players retaliated ay wiz soon gied ays marchin' orders. They wur determined thit Raynjurz wur gonny bae stuck in the Third Division fur years.

An' then came that glorious day in November. It wiz better thin winnin' the Cup Winners Cup in 1972, it wiz better thin nine-in-a-row, better thin the Twelfth an', Christ, it wiz even better thin ma weddin' day an' ma weans bein' born. It wiz time fur the First Tier Tribunal tae gie its verdict. Wae'd aw been dreadin' it fur months an', yit, it turned oot tae be the best day ever.

The judges decided thit Raynjurz hud nae case tae answer an' thit the EBTs wur what Raynjurz hud always sayed they wur: loans. The Three Declans must've been spewin' intae thur mashed tatties! Iz ye might've expected, aw the Taigs an' thur pals in the meeja wur fuckin' blazin'. They wur stull gauin' oan aboot Raynjurz cheatin' 'n 'at but it didnae matter what any-y thum sayed. Raynjurz hud been proved innocent in a court-a-fuckin' law.

Although it wiz a brullyint day, seein' aw they cunts gauin' mental 'n 'at, it wiz a day tinged wae anger an' aw. Since Raynjurz owed fuck all tae HMRC, thur hud never been any need fur the bill pittin' aff potential buyers. If it hidnae been fur they fuckin'

Declans, Sir David could've sellt Raynjurz tae sumdy decent; sumdy thit hud Raynjurz' best interests it hert. Aw the kerry-oan wi' administration an' aw that jist shouldnae've happened at aw. Shower-a bastarts!

An' since administration shouldnae've happened, aw the punishments handed doon tae Raynjurz shouldnae've happened either. Thur should've been nae points deduction, nae transfer embargo, nae fines an' nae demotion tae the Third Division. Of course, since they aw hated Raynjurz, thur wiz nae wye they wur gonny reverse hings. Wae should've been pit straight back intae the SPL, wi' a public apology. An' wae should've been gied the 2011-2012 title, since the only reason *they* won it wiz coz Raynjurz wur docked points an' then hud aw the hassle wi' the administration 'n 'at. But, wi' Lawwell controlin' the SFA an' the SPL, it wisnae gonny happen.

An' so, even though Raynjurz wur totally innocent, wae hud tae keep playin' in the Third Division an' work wur wye back up tae the toap. It widnae happen anywhere else in the world except Scotland. Wae'd took aw they Taigs in durin' the Irish Famine an' noo they'd took ower. It wisnae safe tae be a Prodissint any mair; they wur tryin' tae wipe us oot. They'd took ower aw the councils an' the Labour Party, banned wur Orange Walks an' tried tae kill wur team. An' noo thur pals in the SNP wur tryin' tae turn Scotland intae the Irish Republic. It wiz attempted genocide, that's what it wiz.

Anywye, wae jist hud tae play wi' the cards we'd been dealt an' wae showed the SPL how shite they wur when wae beat Motherwell 2-0 in the League Cup. Of course, they couldnae let that go unpunished an' when wae played Inverness in the next round wae goat kicked oaff the park. The referee let thum away wi' murder and then gied thum a dodgy penalty. Wae didnae hiv a chance an' that wiz us knoacked oot.

It wiz the same when wae played Queen of the South in the Harry Ramsden Cup. Wae hud tae play maist-y the second half wi' ten men an' their second goal wiz allowed tae stand even though the guy wiz a mile offside. Wae then loast oan penalties, wi' oor players gettin' pit aff aw the time an' their goalkeeper movin' before ay wiz supposed tae. Apart frae the league, aw wae hud left wiz the Scottish Cup.

Iz faur iz the league wiz concerned, Raynjurz wur daein' no' bad come the end-y 2012. Wae wurnae exactly runnin' away wi' the league, bein' five points ahead-y second-place Peterheid. Considerin' everyhin' wae'd hud tae pit up wi' durin' the *anus horribilis* and the wye aw the cards wur stacked against iz, it wiz a miracle thit wae wur it the toap-y the table at aw. The players wur getting' used tae life in the Third Division, though, an' recent results showed how dominant wae wur.

Durin' December, Charles Green sellt shares oan the Stock Market, hopin' tae raise £20million. In fact, the Raynjurz fans pit that much money in thit mair thin £22million wiz raised. Wance again, the Raynjurz support hid come up trumps. No' only hud wae saved wur club, wae wur noo pittin' enough in tae finance its climb back up tae where wae belanged. The Fenian meeja tried tae play hings doon, iz usual; but naebdy gave a fuck any mair. Aw thit mattered wiz thit Raynjurz noo hud enough money tae climb back up in consecutive seasons. Wae'd be back in Europe in 2016.

Thur wiz mair cheatin' in February-y the new year when wae faced Dundee United in the Scottish Cup. Even before the match thur wiz a bit-y a stooshie because Charles Green refused tae take Raynjurz' ticket allocation fur Tannadice. Ay wiz quite right tae dae this coz they dirty bastards wur wan-y the wans thit threw Raynjurz oot the SPL. Why should wae gie theym any money? Aboot three hunner-odd Raynjurz fans, though, boat tickets direct frae Dundee United. It wiz hard tae blame thum; it's a hard decision tae make whether tae dae the right hing ur gie yer team the support it needs.

Raynjurz, oan a normal day, wid've slaughtered Dundee United but the SFA wur oan the case again. Jist aboot straight away, the referee sent aff Kal Naismith an' Ian Black, meanin' thit Raynjurz hud tae play the match wi' nine men. Even then it wiz a close-run game. The 3-0 score flattered Dundee United. Anywye, that wiz us oot another cup. Aw wae hud left wiz the league; though the SFA wid bae dain' evryhin' in thur power tae make sure wae didnae win that either.

Thur wiz another great triumph aff the pitch in February. Derek Nimmo's report aboot Raynjurz wiz ready an' aw the Tarriers wur droolin', expectin' iz tae get titles took aff iz. Again, though, Raynjurz wur fun' completely innocent. Thur wur nae improperly registered players an' thur wiz nae sportin' advantage. Yit again, aw the Raynjurz-Haturz wur in tears, gnashin' thur teeth an' screechin' aw manners-a shite aboot Derek Nimmo no' seein' aw the evidence. They wur clutchin' it straws, though, an' nae cunt cared aboot thur opinions.

The wans it the SPL hud tae chynje *theyr* opinions; it least in public. They wur the wans thit hud set up this enquiry, so they hud tae bae seen tae abide bae its decision. Secretly, they wur aw blazin' aboot what hid happened an' they hud tae grovel an' apologise tae Peter Lawwell; but they hud tae kid oan thit they believed thit Raynjurz hid done nuhin' wrang. That didnae stoap thum frae gettin' thur referees tae cheat Raynjurz it every opportunity, though.

Iz a sop tae the obsessed Raynjurz-Haturz, Derek Nimmo handed doon a £250,000 fine tae Raynjurz. This should've hud nuhin' tae dae wi' the new compny; it wiz the auld compny thit owed the money. Of course, aw the Raynjurz-Haterz tried tae make oot thit Raynjurz wur makin' up the rules tae suit thursel's. It's sumhin' they jist cannae get through thur thick heids; the club an' the compny ur two different hings. Takin' away titles wid affect the club, coz it wiz the club thit won thum oan the pitch, win't it? Money, though, is the responsibility-y the compny an' hiz goat nuhin' at aw tae dae wi' the club.

The SPL tried tae insist thit the new compny, Raynjurz International Fitba' Club, should pye the fine, even though it hid nuhin' tae dae wi' thum. Charles Green, though, tellt thum tae fuck off an' refused tae pye anyhin'. They could take iz tae court if they waanted, but they widnae hiv a leg tae stand oan. It wiz a different compny but, even if it wisnae, a court hid awready fun' the auld compny innocent, hin't it?

That happened tae be the last time thit Charles Green wiz seen iz a hero bae the Raynjurz fans. Big Fanny-Baws, Craig Whyte, hud turned up again, like shite oan a pram wheel, tae say thit ay hud been in cahoots wi' Charles Green tae buy Raynjurz. Green admitted it but sayed thit ay'd swindled Whyte bae chynjin' the compny frae Sevco 5088 tae Sevco Scotland an' left Big Fanny-Baws oot in the cauld. It wiz good tae see Big Fanny-Baws getting' dooped, efter what ay'd done tae Raynjurz but thur wiz sumhin' thit smelt aboot the hale thing.

The SFA thoat thur wiz sumhin' wrang iz well an' threatened tae hiv another enquiry. The Raynjurz board, though, decided tae hiv thur ain, independent enquiry; efter aw, they couldnae trust the SFA tae be fair aboot hings. The SFA wur feart tae bae seen tae be pickin' oan Raynjurz yit again, so they jist left the board tae get oan wi' it.

An' then Green pit ays fit in it again; gauin' oan aboot 'Pakis' an' 'Darkies' 'n 'at. That wiz conduct thit wiz unbecomin' tae emdy connected tae an all-inclusive club like Raynjurz. That kinna bigotry is what ye'd expect frae the Taigs. It wiz gettin' that wye thit Green wiz gonny huv tae go.

Tae bae honest, Ah wiz never that happy wi' Charlie an' ays big Yorkshire haun's hivvin' anyhin' tae dae wi' Raynjurz, an' a loat-y ma fellow bears felt the same. If thur's wan hing thit Pedro goat right, it's thit thur should bae nuhin' green anywhere near Ibrox. Naebdy should bae wearin' green boots an', really, they should've chynjed tae artificial grass a long time ago so wae've goat a blue pitch. An' it's the same hing when it comes tae names; naebdy called Green should've been allowed anywhere near the club.

Anywye, Green jumped before ay wiz puushed an' resigned ays position iz CEO. Weirdly enough, ays 'Paki' friend, Imran Ahmad, wisnae faur behind um, gettin' slung oot fur postin' anonymous comments aboot Walter Smith an' Ally McCoist oan an online Raynjurz forum. This meant a bit-y a board re-shuffle, wi' Craig Mather takin' ower frae Green iz CEO. The chairman, Malcolm Murray resigned ays post an' aw an' the joab went tae none other thin Walter Smith, who'd been a non-executive director fur a good few months. Wi' Walter in charge, we aw thoat thit evryhin' wid bae above board 'n 'at; it turned oot thit wae wur wrang.

Raynjurz goat the league wrapped up in March; that wiz the furst part-y The Journey ower an' done wi'. The only problem wi' that wiz that evry cunt an' ays dug helped thursel' tae a bonus. Ahmad, Green, finance director Brian Stockbridge; they aw hud thur snouts in the trough. Nae wunner they aw waanted tae work it Ibrox! It's hard tae believe thit aw this wiz happenin' oan Walter Smith's watch. Thur's nae wye he'd bae involved in anyhin' dodgy, so ay probably didnae know anyhin' aboot it. Ay wiz the world's greatest fitba' manager but ay wiz a complete innocent when it came tae business.

Anywye, fur the team it wiz oanwards an' upwards. Wi' wan league title doon an' another two tae go tae wae wur back in the SPL, wae wur startin' tae breathe doon Sellick's neck. Wae wur comin' doon the road an' they wur shitin' thursels. Aw thit could go wrang wiz if hings went tits-up in the Blue Room.

Before wae move oan tae the next chapter, thur wiz sumhin' Ah forgoat tae mention; sumhin' thit happened in September 2012. It wiz aw tae dae wi' that cunt thit kids oan ay's Irish an' hates Raynjurz mair thin emdy else in the world: Phil McGoblin.

No' content wi' writin' lies aboot Raynjurz oan ays rancid blog, McGoblin decided tae pit it aw in a book fur aw the Taigs an' Raynjurz-Haturz tae buy. Ay wiz in the Sun, moanin' an' greetin' aboot gettin' death threats 'n 'at; Ah mean, what the fuck did ay expect? An' then the Sun, fur some strange reason, decided thit it wiz gonny pit bits oot ays book in the paper. The Raynjurz supporters, iz ye kin understand, wurnae too happy aboot this.

Wae aw phoned an' e-mailed the Sun, tellin' thum wae wid boycott thur paper if they dared print any-y McGoblin's stuff. Some folk pointed oot thit ay'd written a hing oan ays blog thit wiz fuull-a sectarian bigotry aboot Raynjurz supporters. Thur wiz nae wye they could hiv anyhin' tae dae wi' McGoblin efter readin' that!

Jist in case they thoat wae wur kiddin' oan, some-y iz sent death threats an' aw. Noo, thur's nuhin' illegal aboot death threats, iz thur? An' if they ur illegal, then they shouldnae be. Jist coz ye make threats, it disnae mean tae say thit ye're gonny kerry thum oot, diz it? Take me, fur instance. Wi' ma gout, thur's days when

Ah kin barely make it tae the bookies it the end-y the street. Ah mean, what the fuck um Ah gonny dae tae emdy?

Death threats don't dae emdy any herm but, by God, they fairly get the joab done! Ah mean, if it wisnae fur death threats Raynjurz might've been boat bae sumdy thit wid've completely destroyed it an' sellt Ibrox fur flats ur sumhin'. An' they worked this time an' aw. Aye, the Sun wiz able tae use the excuse thit McGoblin wiz a bigot, but we aw knew thit it wiz us thit stoapped thum. Ye don't mess wi' The Peeppul!

Chapter Two
Crooks In Charge

David Leggat is probably the finest sports journalist this country's ever produced. Awright, so ay enjoyed a wee swally, but who disnae? It wisnae ays drinkin', though, thit stoapped aw the newspapers frae publishin' ays articles any mair; it wiz coz ay wiz a Raynjurz supporter. That wiz sumhin' thit wisnae allowed in the modern, Scottish meeja. Ay stull hud ays blog, though, an' ay made sure wi' aw knew whit wuz gauin' oan in the fitba' world.

The wye he tellt hings, it wiz Imran Ahmad thit wiz the puppet-master behind Charles Green. A recordin' appeared oan the internet, wi' Ahmad, Brian Stockbridge an' Big Fanny-Baws, Craig Whyte, talkin' aboot takin' ower Raynjurz an' leavin' Green oot in the cauld. It looked iz if David Leggat wiz speakin' the truth. Ay also sayed thit the only hing stoappin' thum aw fuullin' thur poackits wiz Walter Smith. Wi' him iz chairman, integrity hud tae prevail.

Speakin'-y integrity, Jim Traynor hud finally hud enough-y the Raynjurz-Hatin' meeja an' ay resigned frae the Daily Record. Ay wrote wan last article, explainin' why ay wiz leavin' an' then went oaff tae let aw the Tarriers runnin' the Daily Rebel tae stew in thur ain juice. It wisnae long before ay goat signed up bae Raynjurz iz Head-y Communications. The problem wiz, though, thit ays haun's wur tied bae aw the crooks an' swindlers it Ibrox, so ay wisnae very effective.

Iz David Leggat sayed, the only wans stoappin' the crooks hivvin' free rein wur Walter Smith an' ays pal, Malcolm Murray. Obviously, the furst order-a business wiz gonny be tae get rid-y the pair-y thum. They started oan Malcolm Murray furst.

Brian Stockbridge took Murray oot an' goat um pished. Ay then videoed um oan ays phone iz ay struggled tae get intae a taxi an' pit the video up oan the internet. This backfired, though, since evrybdy thoat thit Stocbridge wiz a cunt fur daein' that tae an auld man. Efter that, they aw started blamin' Murray fur leakin' hings tae the press 'n 'at. It wiz obvious thit ays days wur numbered an' they managed tae get rid-y um bae the summer. Walter Smith, though, wiz another matter.

Walter hid threatened tae leave if they forced Murray oot, but they done evryhin' they could tae persuade um tae stye. The hing wiz thit they knew naebdy wid believe thit Walter wiz involved in anyhin' dodgy an' if he left it the same time iz Murray, then they widnae believe thit Murray hud done anyhin' wrang either. Luckily fur theym, they managed tae talk Walter intae styin'. They could get rid-y him it a later date.

Meanwhile, the SPL an' the SFL hid decided tae amalgamate; sumhin' they'd been discussin' fur a while. Plans wur made tae reorganise the leagues; even though thur wisnae really any point. Again, it wiz jist another wye tae get it Raynjurz. The idea wiz tae hiv three leagues-a fourteen teams; an' guess what wan they wur gonny shove Raynjurz intae? We wur gonny bae pit straight intae the boattum division. They tried tae tell iz thit wae'd stull bae in the third tier an' thit wae'd stull only hiv two years tae wait tae get back tae the SPL, but that wisnae the point. Wae'd be playin' aw the exact same teams thit wae'd been playin' against the previous season, so it wid be jist like daein' the same season aw ower again.

Thur wur complaints frae Raynjurz, of course, an' coz the fitba' authorities wur scared-y losin' the Blue Pound, they abandoned the idea. Thur wiz nae wye they wur gonny let Raynjurz intae the middle tier, so they jist decided tae stick wi' four divisions. The hale thing wiz a complete waste-a time. Aw they did wiz rename the divisions, callin' thum the Premiership, the Championship, the Furst Division an' the Second Division. Ah mean, what wiz the fuckin' point?

Meanwhile, the jealousy an' hatred wiz still pourin' oot-y jist aboot evrybdy in Scotland. They wur aw fuckin' livid thit they hudnae managed tae kill wur club, so they did anyhin' they could tae get it iz. Durin' the summer, Raynjurz showed aff thur brand-new, state-y the art team bus. It hud aw manners-a bells an' whistles, like sumhin' oot-a science-fiction film. Nae sooner hid it appeared in the papers thin some cunt broke intae the garage an' set it oan fire, leavin' it nuhin' but a burnt-oot shell. It wiz made tae look iz if it wiz weans thit done it ur sumhin', but Ah know, deep doon in ma gut, thit Peter Lawwell wiz involved.

In August, the board decided thit it wis time tae get rid-y Walter Smith. They couldnae jist shove um oot the door withoot some kinna backlash; they needed sumhin' thit wid make um walk oot oan ays ain. Thur wurnae minny hings thit wid make Walter gie up oan Raynjurz; it wiz gonny hiv tae bae sumhin' drastic. The answer turned oot tae be surprisingly simple; they broat Charles Green back.

The story wiz thit Green wiz there iz a consultant, but that wiz a load-a pish. Efter Green's feud wi' Malcolm Murray, thur wiz nae wye thit Walter wiz gonny hiv anyhin' tae dae wi' um. It wiz only a few days efter ay wiz appointed thit Walter resigned. Green styed aboot fur another couple-a weeks, jist fur show, an' then buggered off again. Emdy wi' any sense could see thit ay wiz only there tae get rid-y Walter.

Thur wiz worse tae come, believe it ur no'. Green sold ays shares tae a pair-a gangsters; Greenock's answer tae the Kray Twins – James an' Sandy Easdale. Neither-y these chancers hud ever been seen anywhere near Ibrox, an' yit the papers went oan aboot thum bein' life-long Raynjurz supporters. Mind you, they sayed the same hing aboot Craig Whyte, din't they? Thul dae anyhin' if it's bad fur Raynjurz.

Speakin'-a which, the illegal transfer embargo wiz stull in place an' widnae bae lifted tae the end-a August. That meant thit even though Ally hud signed some new players durin' the summer, ay couldne use thum tae August wiz ower. That wiz how Forfar managed tae beat us in the furst round-y the League Cup. It wiz wan-all it fuull time, but they scored durin' extra time. Ally must've been fumin' iz aw ays new recruits hud tae watch frae the stands.

Efter that horrendous start tae the season, though, Raynjurz never loast a game right up tae April. Wae goat tae the final-y the Harry Ramsden Cup and the semi-final-y the Scottish Cup. An' wae went the whole season in the league undefeated. We wur the original 'Invincibles'.

In the boardroom hings wur gettin' ridiculous. Financial results wur published in October an' it wiz clear thit evry cunt hud ays haun's in the till. Craig Mathers, the CEO, fur example, wiz oan £500,000 a year an' thur wiz mair money bein' pyed oot tae aw the backroom boays thin thur wiz tae the players. An' the finances showed a loss-y fourteen million quid up tae June 2013. What happened tae aw the money thit wiz raked in wi' the share issue? Wan clue tae where the money went wiz Charles Green styin' in a big, fancy castle in the South-a France.

It wiz a disgrace thit aw these crooks an' gangsters wur allowed tae pillage oor club. The SFA stood by an' done nuhin', refusin' tae dae anyhin' wi' its 'Fit an' Proper Persons' rules. It widnae've been allowed tae happen it any other club an' especially no' it Sellick. We aw continued tae support wur team 'n 'at but it wiz fuckin' heartbreakin' tae see aw these con men makin' a fortune.

Since the club wiz runnin' oot-a money, Craig Mathers goat in touch wi' a real billionaire, Dave King, tae see if he'd invest in the club again. The rest-y the board jist aboot shat thursel's it the prospect-y a successful businessman an' Real Raynjurz Man like King comin' in. He'd see through thum aw right away. So, Craig Mathers wiz booted oot an' Graham Wallace goat ays joab. David Somers wiz pit in iz chairman an' Norman Crighton wiz pit in as a non-executive director. The Gravy Train hud tae be protected it all costs.

Thank God thur wur still some people left in Scotland wi' a bit-a integrity. The ex-Raynjurz director, Paul Murray, fresh oot-y Rita Rusk's, joined up wi' Walter's pal, Malcolm Murray an' a couple-a high-powered businessmen tae dae sumhin' aboot aw the crooks it Ibrox. They called fur an EGM so thit they could pit forward a resolution tae get thursel's elected oantae the board. Demandin' an EGM is called requisitionin', so the four-y thum wur called The Requisitioners.

Aw this, of course, caused a massive split among the Raynjurz support. Iz ye might expect, David Leggat wiz oan the side-y The Requisitioners, hatin' Green an' Ahmad iz much iz ay did. Oan the other side wiz Bill McMurdo, son-y the famous fitba' agent. David Leggat didnae allow comments oan ays blog, but the Union-a Fans wur dead against aw the crooks an' spivs oan the board so they wur obviously oan his side. McMurdo bragged aboot ays blog gettin' thousands an' thousands-a hits evry day an' thur wur always plenty-a comments oan it, so he hud plenty-a followers an' aw. In fact, it wiz hard tae tell how many folk *wur* oan each side.

The hing wi' McMurdo wiz thit, even though ay wiz wrang aboot the board, thur wiz nae denyin' thit, in ays heart-a hearts, ay wiz a good Raynjurz man. Ay wiz dead against Scottish independence, hated the IRA, loved the Royal Family, supported the Orange Order an' widnae haud wi' any shite aboot Raynjurz bein' a new club. Ay wiz oan the ball wi' a lot-a other stuff an' aw.

Ays stuff aboot the British bein' descended frae the Israelites an' the Queen bein' descended frae David iz aw straight oot the Bible. Obviously, ye'll no' find any-y this stuff in a Kafflick Bible; they've doactered the Word-a God tae suit thur ain ends. Ye need tae read the proper, Protestant, KGB wan. If ye read McMurdo's books, ye find oot why we're better thin evry cunt else, especially they fuckin' Taigs. Ah've no' read thum masel' but Ah've been tellt aw aboot thum.

Anywye, hings wur gettin' oot-a haun', wi' David Leggat, an' other wans, callin' McMurdo fur evryhin'. It wiz aw very well disagreein' aboot hings, but it's no' the Raynjurz wye tae bae airin' dirty linen in public like that; except, of course, when wae make banners aboot hings. It wiz embarrassin' tae say the least an' evrybdy wiz hopin' tae God thit wae'd get rid-y aw the crooks an' then wae could get back tae aw supportin' wur team.

The meeja, meanwhile, tried tae dae a double-bluff kinna hing. The Daily Record, especially, wiz keepin' tae its usual, anti-Raynjurz agenda, while pretendin' otherwise. Oan the surface, they wur aw oan the side-y The Requisitioners but it wiz nuhin' bit lies. The last hing any-y they Raynjurz-Haturz waanted wiz what wiz best fur the club, so they wur secretly cheerin' oan aw the crooks an' gangsters. They wur absolutely shitin' thursel's thit Real Raynjurz Men wid come in, run the club properly an' knoack thur beloved Sellick oot aw the cups, before comin' tae take back wur rightful place it the toap.

The hing iz, we aw knew thit they wur aw Raynjurz-Haturz, an' they knew thit we knew they wur aw Raynjurz-Haturz, an' they tried tae use that tae thur advantage. The idea wiz thit we wid see aw they Raynjurz-Haturz supportin' The Requisitioners an' hink thur wiz sumhin' wrang wi' Paul Murray 'n 'at. Thur wee ploy didnae work, though, coz we knew thit they knew thit we knew thit they wur aw Raynjurz-Haturz. Thur wiz nae wool gettin' puullt ower oor eyes!

The Requisitioners hud a big meetin' in a hotel, wi' Gordon Smith an' Nacho Novo in attendance an' evrybdy wiz aw riled up an' ready tae take oan aw the gangsters thit hid wormed thur wye intae Ibrox. The board, meanwhile, did evryhin' they could tae pit things aff, sayin' wae didnae need an EGM coz thur wiz an AGM comin' up an' then postponin' that aw the time. Finally, they set a date in December an' wae wur ready tae take wur club back.

Wae wur aw, understandably, angry as fuck an' wae shouted doon' aw the wans oan the board when they tried tae tell iz thur lies. Then came the time tae vote oan the resolutions an' we aw pit wur shares tae good use tae try an' get The Requisitioners oantae the board. The hing iz, though, thit it's no' haun's thit ur counted; it's shares. Sandy Easdale hud the proxies fur Margarita and Blue Pitch Holdings, they secretive investors; aw ay hud tae dae wiz slap aw they shares doon' oan the table an' the game wiz a-bogey.

The hale hing ended up bein' a complete waste-a time. Nane-y oor men goat anywhere an' the crooks, spivs an' gangsters wur stull in charge. It wiz lookin' as if it wid bae easier tae get rid-y nits in yer wean's heid thin shift aw they fuckers oot-y Ibrox.

While aw us Raynjurz supporters wur caught up in the war fur the club, other wans wur daein' a bit-a investigatin' intae the *real* cheats in Scottish fitba'. While Raynjurz wur bein' enquired intae an' pilloried left, right an' centre, Sellick hud been gettin' away wi' murder fur years.

The hings thit turned up wid've made emdy blush; but Sellick huv goat nae shame at aw. No' only wur they gettin' cheap loans aff the Co-Op Bank, but Glesca City Council wiz helpin' thum oot an' aw. They goat tae buy land in Parkheid an' oot it Lennoxtown fur a loat less thin the market value. Under UEFA an' FIFA regulations, that constitutes state aid; sumhin' ye kin get booted oot-y aw competitions, European an' domestic, fur.

Ye hud tae laugh it aw they Taigs gauin' oan aboot Raynjurz cheatin' the tax man 'n 'at, when thur ain club wiz daein' a loat worse. Raynjurz hud been fun' Not Guilty in a court-a law an' that should've shut thum aw up. Peter Lawwell, though, an' evrybdy it Sellick wur desperate tae deflect attention away frae thursel's an' thur dodgy dealin's, so they encouraged aw thur fans, the SFA, the SPFL an' aw the meeja tae keep gauin' oan aboot Raynjurz.

The brave DUP MP, Gregory Campbell, stuck his neck out and raised the matter of Sellick's cheap loans in the House of Commons. Jist like evrybdy else, though, the Government wisnae interested an' sayed thit it wiz nuhin' tae dae wi' theym.

It wiz the same wi' the European Commission. The guy that hud fun' aw this stuff oot aboot Sellick, PZJ, an' some DUP MEPs goat in touch wi' the EC aboot Sellick's cheatin' an' they promised tae look intae it. They did an' claimed thit they'd fun' nuhin' wrang. It surely cannae be a coincidence thit aw the countries in the EU happen tae bae Kafflick wans! They Kafflicks ur broat up tae hate Raynjurz practically frae burth. It disnae matter what country they stye in; thur aw the same.

An' then Sellick wur allowed tae buy London Road Primary School, a lovely, auld buildin' thit wiz right ootside thur stadium. It didnae matter thit this buildin' wiz part-y oor Glesca heritage; Sellick waanted tae knoack it doon an' the Council wur gonny let thum. The lead wiz stripped aff the roof an' the school wiz left tae rot, so they wid hiv an excuse tae demolish it.

Historic Scotland waanted the buildin' preserved, but Glesca Council jist ignored thum. It wiz an important buildin', historically an' architekchrly, but nae cunt cared; Sellick waanted rid-y it an' that wiz aw thit mattered. If they waanted tae knoack it doon, then its days wur numbered.

When the school wiz finally demolished, the excuse the Council used wiz thit it hud tae make wye fur daein' up the place fur the Commonwealth Games. They wur buildin' velodromes an' fancy hooses an' aw manners roon' aboot Sellick Park. Aw this wiz supposed tae be tae make the East End-a Glesca better, but naebdy could help bit notice thit they ignored Brigton completely. Ah wunner what that wiz aboot, as if wae didnae know! The hale hing wiz jist tae make that fuckin' big Meccano set they call Sellick Park look better. Meanwhile, they didnae even sweep the streets roon' aboot Ibrox.

Raynjurz won the league that season withoot losin' a single game. Evrybdy wiz aw fired up fur gauin' intae the Championship; an' it wiz only gonny bae wan mair year tae wae wur back up in the toap division where wae belanged. Of course, demand fur season tickets shot up; evrybdy waanted tae be part-y the last bit-y the Journey. The only problem wiz thit naebdy wanted tae gie thur money tae aw the crooks oan the board. What the hell wur wae gonny dae?

Luckily, rescue turned up in the shape-a Dave King. Him and Richard Gough goat thigither wi' the idea thit wae should aw pit wur money intae a bank account an' the board wid jist bae pyed oan a game-bae-game basis. An' thur wid bae nae need tae worry aboot wur money disappearin' ur that; if a guy's awready goat mullyins in the bank, then ay hardly needs tae steal emdy else's. That's how maist mullyinaires an' billionaires ur honest an' trustworthy; apart, of course, frae Dermot Desmond an' another wan thit wull come tae later.

Thur wur a loat-a lies bein' tellt aboot Dave King; hings like him bein' a convicted criminal 'n 'at, coz-y ays problems wi' the South African tax folk. The truth wiz, though, thit ay'd came tae an arrangement wi' the South African Government. The stuff aboot um bein' convicted 'n 'at wiz nuhin' but a load-a pish!

Of course, the board wur aw shitin' thursel's it losin' aw this money so they wur lookin' it drastic measures. They goat a len'-y 500,000 quid aff Sandy Easdale an' another mullyin aff Laxey, wan-y the big shareholders. Laxey wur gonny hiv tae bae pyed an extra £150,000 in interest, but the board wiz able tae transfer the loan frae theym tae a shareholder called George Letham, who wiz only gonny take £45,000. Even that wiz a helluva loat-a money tae hand ower tae emdy. But thur wiz worse than that gauin' oan.

It turned oot thit baith these loans wur secured against Edmiston Hoose an' the Albion Car Park. Bomber Brown wiz blazin' an' evrybdy wiz worried iz hell; how long wid it be before they started takin' loans oan Ibrox itself? Sumhin' wiz gonny hiv tae bae done. If wae go forward a bit tae July, the Sons-a Struth marched oan Ibrox an' Graham Wallace promised thit the stadium wid bae safe. Nane-y us trusted the bastard, though.

Anywye, thur wiz a big scandal in aw the papers efter the final-y the Harry Ramsden Cup. Raynjurz wur utter pish in the match an' Raith Rovers won wan-nil. As if that wisnae bad enough, Ally an' ays team decided it wiz party-time wance the game wiz finished. Naebdy could believe thur eyes when they read aboot thum aw laughin' an' jokin' it a karaoke an' then giein' it laldy oan the dance-flair it a disco. Hopefully, they wur better it dancin' thin they wur it playin' fitba'! Nae doubt they jist goat pished an' never moved thur feet wance; thur wiz nae point chynjin' what they'd been daein' earlier oan. They wur a fuckin' disgrace!

Even mair-y a disgrace, though, wiz what came oot when Graham Wallace announced the results-y ays review. It turned oot thit, since 2012, they'd spent 70 mullyin fuckin' quid! Maist-y the players hid either TUPEd ower frae the auld compny ur hud been signed oan free transfers, so nane-y the money went oan that. It wiz aw they fuckin' crooks helpin' thursel's; that's where the money went. Charles Green wiz styin' in a chateau in the South-a France an' the rest-y thum wur drivin' aboot in fancy cars an' aw manners. Naw wonder so minny folk wur signin' up tae Dave King's Trust Fund.

The deadline fur renewin' season tickets came an' went but naebdy knew how minny hud been sellt. The board wiz feart tae gie emdy any figures; aw they sayed wiz thit the tickets wur sellin' well. Ma fuckin' arse they wur! If they'd been sellin' that well, then how come they wur too scared tae tell iz aw how minny folk hud boat? It looked like wae wur gonny starve the bastards oot. If they kept gettin' loans, though, it might take a long time.

It least wae hud the fitba' tae look forward tae. Wae'd bae startin' the new season in the Championship an' it widnae bae long tae wae wur back in the toap tier. The Taigs' tainted titles widnae bae gauin' oan fur much longer.

Chapter Three
The Real Raynjurz Men Return

The papers wur aw sayin' how the Championship in 2014-2015 wiz gonny bae a loat mair excitin' thin the Premiership an' they wur right. Hibs an' Hearts hud been demoted, an' wae Raynjurz in the league iz well it wiz somethin' tae look forward tae. It wiz certainly gonny bae mair excitin' thin watchin' Sellick stroll tae another tainted title!

Raynjurz wur favourites tae win the league an', durin' the summer, wae signed Kenny Miller an' Kris Boyd jist tae make sure. Hearts an' Hibs wid stull huv a chance, though, since second, third an' fourth in the Championship goat intae the play-offs against the second-boattum team in the Premiership fur a place in the toap tier.

Durin' the summer, Raynjurz wur vindicated again when yit another court sayed thit EBTs wur perfectly legal an' thit Raynjurz hud done nuhin' wrang. It showed up the hale conspiracy against Raynjurz fur what it wiz: wan big lie. HMRC, though, applied fur an' goat permission tae appeal *again*. How minny fuckin' times wur they gonny need tae bae tellt?

The season started oot well enough when wae beat Hibs in the furst round-y the Harry Ramsden Cup, which wiz noo called the Petrofac Cup. Wance the league started, though, the cheatin' started. Wur furst match wiz against Hearts it Ibrox. They scored a flukey goal early in the second hauf an' it styed wan-nuhin' fur theym right up tae the end. Raynjurz managed tae score in injury time tae make it a draw. That should've been it; the whistle should've went right then. The cheatin' referee, though, let the game go oan fur another minute an' Hearts scored again. *Then* the bastart decided tae blow ays whistle. It wiz sumhin' thit wid keep happenin' aw through the season. The Raynjurz-Haturz it Hampden didnae waant Raynjurz gettin' back intae the toap tier.

Sellick's tainted titles hud tae bae kept gauin' it aw cost.

Mind Ah sayed thit thur wiz another mullyinaire thit couldnae bae trusted iz well iz Dermot Desmond? Ays name wiz Mike Ashley an' ay owned Sports Direct; ay'd also wormed ays wye intae Raynjurz. In September, wae discovered thit ay'd boat the namin' rights tae Ibrox fur-a fuckin' pound! Ay could end up callin' the place the Sports Direct Stadium ur somehin'. But thur wiz worse tae come.

Ah've nae idea how aw the share issue stuff works an' Ah've never understood how undertakers ur involved, but Ashley did sumhin' tae make sure the board's share issue wiz a disaster. They didnae jist waant tae raise four mullyin quid; they *needed* tae. Aw they managed wiz three mullyin an' the only wye they could get mair wiz tae borrow it aff-y Ashley. Ay wiz backin' thum aw intae a coarner.

McMurdo wondered what evrybdy wiz worried aboot; a real billionaire wiz sumhin' thit emdy wid waant in charge-y thur club, in't it? The wans tae ask, though, wur the Newcastle United supporters. Nane-y theym seemed exactly overjoyed aboot Ashley ownin' *theyr* club, did they? The truth wiz thit aw Ashley wiz aboot wiz makin' money fur ayssel'; evrybdy else could jist piss off! Ay wiz hardly what ye'd call the answer tae Raynjurz' prayers!

Iz time went oan, wae discovered mair an' mair aboot Ashley's dodgy schemes. Ay goat another compny tae buy shares fur um so ay could sneak aboot in the backgrun'. Ay lent money tae the board but made sure it wiz secured oan Edmiston House an' the Albion Car Park iz well iz insistin' thit he goat tae appoint two board members. Ay wiz takin' ower bae stealth. The worse hing, though, wiz ays haud oan the retail side-y Raynjurz.

The Raynjurz shoaps aw belanged tae Sports Direct noo, wi' Sports Direct staff, aw workin' oan zero-oors contracts. Aw the profits frae the sale-y Raynjurz merchandise went straight intae Ashley's poackit; the club only goat a fuckin' penny fur evry Raynjurz tap thit wiz sellt. The cunt wiz gonny hiv tae go.

Of course, the crooks oan the board didnae waant tae dae anyhin' aboot Ashley; they wur probably aw gettin' a cut-y ays dodgy profits. It made gettin' rid-y aw they spivs an' gangsters even mair urgent.

Wan character thit wae hud goat rid-y, tae the relief-y the hale-a Scottish fitba', wiz that wee bigot Neil Lennon. Efter four years-y arguin' wi' evrybdy an' even causin' a referees' strike, ay wiz obviously shitin' ayssel' noo thit Raynjurz wur oan wur wye back. Ay buggered off doon tae Bolton an' Scottish fitba' wiz a mair peaceful place withoot um. The wee ginger cunt wid cause trouble in an empty hoose, even a big wan. Kin ye imagine if sumdy it Raynjurz hid made aw the referees go oan strike? They'd huv goat fuckin' hammered. An' yit that wee cunt goat away withoot so much as a harsh word; ay goat away wi' murder fur years.

Anywye, even Sellick wur probably gled tae get rid-y um; they certainly didnae hing aboot findin' a replacement. This new guy wiz Ronny Deila, sumdy that nae cunt hid ever heard-y. Nae doubt ay bit thur haun' aff when they offered um the Sellick joab. Even abroad they could see aw the cheatin' thit wiz gauin' oan in Scottish fitba'. Ay knew fine well thit it wid bae aw set up fur um tae keep winnin' the league.

An' that cheatin' wiz gauin' oan in the Championship iz well. Hearts wur runnin' away wi' it an' it wiz obvious thit the authorities waanted theym back up in the toap tier before us. They wur feelin' guilty aboot Hearts bein' relegated it the end-y the last season, thit happened coz Hearts hud been docked points fur gauin' intae administration. Nae fines ur gettin' sent doon tae the lowest tier fur theym, though; that treatment wiz reserved fur Raynjurz. Anywye, Hearts wur oan thur wye up an', iz Ah've awready pointed oot, thur wiz nae wye Raynjurz could say anyhin' aboot aw the cheatin' gauin' oan.

When things ur gauin' wrang, it's only human nature tae look fur sumbdy tae blame an', unfortunately, Ally McCoist wiz used iz the escape goat. Even the supporters wur gettin' fed up wi' seein' thur team gettin' pumped bae the likes-y Hibs an' started callin' fur Ally's heid. The papers an' aw wur blamin' Ally fur the team's dire performances. It looked like ay wiz gonny hiv tae go.

The final straw wiz in early December when wae goat beat in the semi-final-y the Petrofac Cup bae Alloa. Ah mean, Alloa, fur fuck's sake! Iz usual, thur wiz a bit-a cheatin' gauin' oan; Raynjurz wur denied a stonewall penalty, but, really, the team should've been steamrollerin' shite like Alloa. We even went frae bein' two-nuhin' up tae gettin' beat 3-2. Ally's days wur numbered.

Of course, wi' aw the crooks oan the board helpin' thursel's, thur wiz nae money tae pye Ally aff. Ah cannae mind how long Ally's contract hud left tae run, but if they sacked um, they wur gonny hiv tae pye um what ay wiz due fur the hale time left. So, insteed-y sackin' um, they kept him own the pyeroll; forkin' oot ays salary month-bae-month wiz easier than giein' um it aw in wan fell swoop. Ay wisnae tae go near the team, though, an' wiz pit oan what they call 'gardenin' leave'.

Ally's assistant, Kenny McDowall, wiz pit in charge tae the end-y the season; sumhin' thit the board must've known fuull well wiz a bad move. This cunt should've been naewhere near Ibrox; ay'd worked fur *theym* fur aboot ten years, an' that should've disqualified um frae ever workin' fur Raynjurz. Sure enough, ays furst game in charge wiz against Hibs it Easter Road, where wae suffered wur worst defeat-y the hale season, gettin' beat four-nuhin' bae the spoon-burners.

In the new year, hings didnae get any better. Wae goat beat two-nuhin' bae *theym* in the semi-final-y the League Cup it Hampden. The team wiz pure rotten an' it wiz obvious thit McDowall hud set thum up tae get beat. Then, jist a week later, wae goat beat it Ibrox bae Raith Rovers in the Scottish Cup. Only aboot 11,000 turned up tae that game; evrybdy wiz gettin' sick-y it. It wiz obvious thit McDowall wiz takin' the fuckin' piss.

The board probably didnae even notice; they wur aw too busy grovellin' tae Mike Ashley. Graham Wallace an' Philip Nash wur forced oot the door an' Ashley's men, Derek Llambias an' Barry Leach wur pit oan the board. The SFA stoapped Ashley frae increasin' ays shareholdin' but it wiz aw jist fur show. They knew fine well thit ay wiz awready runnin' the place, wi' the collusion-y the Easdales an' Laxey Partners, wan-y the institutional shareholders.

The fitba' authorities didnae gie a fuck aboot Raynjurz an' wae aw knew it. In December the SPFL stole £250,000 aff the money thit Raynjurz wur due fur broadcastin' rights. They sayed this money wiz tae pye the fine thit the Derek Nimmo Inquiry hud imposed. That fine, though, wiz against the auld compny an' hud nuhin' tae dae wi' the new wan ur the club. Iz usual, the rules wur gettin' chynjed jist tae get it Raynjurz. Aw this did wiz drive Raynjurz even mair intae the clutches-y Ashley.

No' only did Ashley hiv security ower Edmiston House an' the Albion Car Park an' ays ain men oan the board, ay also goat ays haun's oan the club's intellectual property. Ay gie'd up ays rights tae rename Ibrox but ay didnae need it any mair, noo thit ay owned the Raynjurz crest an' even the hings oan it, like the phrase 'Ready'. If emdy waanted tae use any-y this stuff, they hud tae pye Ashley. Raynjurz, iz usual, goat fuck all.

But Ashley's influence went even further thin that. Durin' the January transfer windae, five players wur broat up oan loan frae Newcastle United tae play fur Raynjurz. Oan the surface, these boays wur meant tae strengthen' the team but they wur hardly capable-y that. They'd aw been oot injured fur it least a year an' Newcastle wur gled tae get rid-y thum. Wan-y thum wiz sufferin' frae a disease thit hidnae even been identified yit, while another hud wan leg. The rest wurnae much better. It wiz as if Ashley didnae waant the team tae dae well. Actually, that wiz exactly what ay waanted.

If Raynjurz kept oan playin' shite, then less an' less people wid bae turnin' up tae watch. Wi' a lack-a gate money, Raynjurz wid end up in serious financial trouble again. In fact, the only wye the compny an' the club could keep gauin' wid be wi' loans. An' who'd bae there aw the time tae len' money? Ashley, of course. An' every time Ashley handed ower mair cash, ye kin bae sure thit ay'd bae demandin' the rights tae mair an' mair stuff. It widnae bae long tae ay hud fuull control withoot even ownin' a majority-y the shares. The plan tae stoap the cunt, however, hud awready started.

In January, Dave King boat aboot 15%-a shares aff a couple-y the institutional investors. It the same time, George Letham, Douglas Park an' George Taylor boat Laxey's 16%-worth-a shares. In wan fell swoop, Mr King an' ays pals hid become the biggest shareholders in Raynjurz an' hid goat rid-y Sandy

Easdale's dreaded proxy votes. The furst order-a business wiz tae clear aw the crooks an' gangsters aff the Raynjurz board.

Mr King called fur an EGM, an' wi' the shares thit he hud the board hud tae comply. Aw the wans oan the board wur shitin' thursel's aboot what wid happen an' they set up the meetin' tae take place in a hotel in London. The Raynjurz fan groups hud been buyin' up shares an' the idea-y hivvin' the meetin' in London wiz tae try an' stoap theym frae turnin' up. Hings, though, didnae go the wye the board waanted.

The hotel thit the board hud booked didnae waant anyhin' tae dae wi' a crowd-a crooks an' gangsters an' cancelled the meetin'. Word soon goat aboot an' nae hotel wid touch the Raynjurz board wi' a bargepole. The board hud tae end up haudin' the EGM it Ibrox. The date wiz set fur the 6th-a March.

Ye could probably smell the shite frae aw the troosers in the Blue Room iz the hale board realised what wiz gonny happen. James Easdale an' the chairman, Dave Somers, jumped before they wur puushed an' resigned days before the EGM. Llambias an' Leach clung oan, nae doubt hopin' thit Ashley wid come tae the rescue it the last minute. They should've went wae Somers an' Easdale an' saved face.

Also disappearin' ower the horizon wiz Raynjurz' Nominated Adviser, WH Ireland. Ay probably didnae waant emdy lookin' too closely it the work ay'd been daein'. Ay wiz like the Robert Duvall character in *The Godfather*, dealin' wi' the legal business-y the gangsters. It left Raynjurz withoot a Nomad an' that meant Raynjurz shares wur suspended oan the stock exchange.

The EGM wiz a massive triumph fur the forces-a right ower the spivs an' gangsters. None-y the board turned up; mind you, the only wans left wur Llambias an' Leach. Even Sandy Easdale didnae show face; ays proxies wur fucked since the wans thit owned thum decided tae abstain. Llambias an' Leach wur voted aff the board an' then Dave King, Paul Murray an' John Giligan wur voted oan. It long last, wae hud good, honest Real Raynjurz Men runnin' the club again.

Iz soon iz the new board wiz in place they booted Leach, Llambias an' Sandy Easdale aff the fitba' club board an' started up an' investigation intae thum. Sandy Easdale hud loast ays hidey-hole. Unlike Mr King, Sandy Easdale *wiz* a convicted criminal. In 1997 ay wiz convicted an' jailed fur VAT fraud. Ay wiz obviously worried thit ay'd bae fun' no' tae be a fit an' proper person tae be oan the board-y a compny runnin' a fitba' club, so ay hid oan the club board an' pit ays brother oan the compny board. Noo the game wiz a-bogey an' baith him and ays brother wur oot oan thur arses.

It the same time, thur wur two new appointments tae the board: businessman John Bennett an' fans' spokesman, Chris Graham. Chris, though, didnae last too long oan the board; in fact, ay wiz only there fur a couple-a days. Jist like evrybdy else, Chris Graham hud pit stuff oan Twitter thit ay shouldnae huv. Ay'd goat coat up wi' some Muslim terrorist cunt oan Twitter an' made the mistake-y postin' a drawin'-y Jar Jar Binks oot-y *Star Wars* giein' the prophet Mohammed a blow job. Ur wiz it the other wye aboot? Ah cannae mind, but it disnae matter anywye. Chris deleted the Tweet an' that should've been the end-y it; except it wisnae.

They sleekit fuckin' Taigs ur aye combin' the internet, lookin' fur hings tae be offended aboot an' some-y thum hud came acroass Chris's Tweet. They aw took screenshots an' iz soon iz they saw thit Chris hud been made a Raynjurz director, they pit it aw ower social meeja an' sent it tae the papers. Of course, the Raynjurz-Haturz in the papers couldnae wait tae splash it aw ower the front pages. Wi' aw the PC shite aboot nooadays, Raynjurz hud nae choice but tae get rid-y Chris an' he hud tae make a statement aboot regrettin' what ay'd done an' how ay loved Muslims 'n 'at. Aw they sneaky Tarrier cunts wur overjoyed.

The furst Raynjurz match efter the new board took power wiz an away game it Cowdenbeath. Iz usual, the team wiz pish an' it ended up a borin' 0-0 draw. Wae hud tae wait until the Tuesday night, the 10th-a March, tae greet the new regime it Ibrox.

Ibrox wiz packed tae the rafters that night an' the Directors' Boax wiz jist iz fuull. Special invites must've been sent oot coz the wans in the boax wur a who's who-y aw the people thit hid supported the Real Raynjurz Men. Thur wiz Chris Graham, Craig

Houston an' even David Leggat among others. An' club legend, John Greig, who hud vowed never tae come near Ibrox again tae aw the crooks wur away, hud obviously decided thit the place hid been cleansed. Evrybdy cheered thursel's hoarse; it wiz a time fur celebration. An' then McDowall's team came oot.

Wae wur playin' Queen-y the South an' they wur aw ower iz the whole game. The final result wiz a wan-wan draw an' wae wur lucky tae escape the game wi' a point. The team wiz deservedly booed aff the pitch. It wiz aw a big disappointment efter the excitement earlier oan. Wan hing wiz obvious: McDowall wiz gonny hiv tae go.

The board could see the same hing, so McDowall wiz pit oan gardenin' leave alang wi' Ally an' Stuart McCall wiz broat in. McCall hid resigned frae Motherwell back in November an' ay wiz gonny hiv ays work cut oot. Hearts wur runnin' away wi' the league, so ay hud tae make sure thit Raynjurz finished in the toap four tae hiv a chance-y bein' in the play-offs. McCall, though, wiz a Raynjurz man-y long standin'; an' if ye cannae trust a Raynjurz man, who kin ye trust?

Meanwhile, hings wur lookin' bad fur the compny. It looked as if naebdy waanted tae be the Nomad fur Raynjurz; WH Ireland hud obviously spread the bad word aboot. No' hivvin' a Nomad meant thit Raynjurz wurnae allowed tae trade oan the Stock Exchange any mair. Thur wur noaises aboot gauin' oan the ISDX Stock Exchange (who knew thur wiz mair thin wan?) but ye needed a Nomad tae be oan that iz well, so that wiz a non-starter.

Tae be honest, although it looked like a bad hing no' bein' oan the Stock Exchange, did it really maitter? In fact, it wiz probably an advantage no' bein' oan it; thur'd bae nae mair stories aboot the price-a shares gauin' doon ur that, coz naebdy wid know what the price wiz. It meant iz well thit thur'd bae nae cunt stickin' thur nose in anymair. Thur'd bae nae Nomad pokin' aboot in the books an' nae Stock Exchange rules tae stick tae. Mr King an' ays board wid bae able tae jist get oan wi' the joab wi' naebdy lookin' ower thur shooders.

McCall didnae exactly hit the grun' runnin' an' ays furst two games in charge ended up draws. But it least wae wurnae gettin' beat. An' then wae beat the spoon burners it thur ain dump, an' a couple-a weeks efter that wae beat Hearts it Ibrox. If McCall hud been in charge right frae the start, the season wid've panned oot a loat different.

It wiz a case-y too little too late, though, an' Raynjurz ended the season in third place. Hearts wur automatically promoted, but Raynjurz, Hibs an' Queen-y the South wur gonny hiv tae take part in the play-offs. Each round wiz ower two legs, so wae hud tae play Queens it Palmerston. It wiz a hard-fought match but Raynjurz prevailed tae win two-wan.

In the return leg, Raynjurz wur dominant but Queens held oan tae make it a wan-wan draw. That meant thit Raynjurz hud won three-wan oan aggregate an' wur gonny face Hibs. The organisation-y this hing wiz a shambles. Raynjurz wur playin' the spoon burners jist three days efter takin' oan QOS, while Hibs hidnae played a game since the 2nd-a May. That's mair thin two weeks' rest they cunts goat, while Raynjurz jist hud a couple-a days.

Tae evrybdy's surprise, Raynjurz won two-nuhin', but wae wur gonny hiv tae play thum again in three days' time. The game it Easter Road wiz pretty wan-sided. Raynjurz wur knackered an' hud tae jist try an' defend thur two-nil lead. Hibs, like they usually did, boattled it an' only managed tae get wan shot oan target. That final score-y theym winnin' wan-nuhin' meant thit Raynjurz wid noo face Motherwell fur a place in the Premiership.

The least sayed aboot the two games against Motherwell the better. While Raynjurz hud tae play four matches in the space-y a couple-a weeks, Motherwell wur sittin' aboot oan their arses, hivvin' a good rest. Six-fuckin'-wan the cunts beat iz oan aggregate. It proved what a fuckin' farce the play-offs wur. Surely evry team should've been playin' the same number-a games tae make hings fair? As wae usually did, though, wae reacted wae dignity, held wur heids up an' resigned wursel's tae another year in the Championship.

The end-y the game showed how Raynjurz wur treated different frae evrybdy else. Motherwell's Lee Erwin shoved Bilel Mohsni in the back, makin' um stumble an' nearly faw oan ays face. Mohsni acted oot-y instinct an' gie'd Erwin a well-deserved kick an' a punch. Other Motherwell players goat involved an' aw started layin' intae Mohsni. Finally, the attack wiz broke up an' the referee started flashin' cards.

Efterwards, wae discovered thit Mohsni goat a red card, even though ay wiz gettin' ays cunt kicked in, while Erwin, the wan thit hud started the hale hing, only goat a yella. Mohsni goat a seven-match ban an' Erwin goat aff wae evryhin'. It wiz a complete fuckin' disgrace.

Even mair-y a disgrace wiz the behaviour-y the Motherwell supporters. While aw thur players wur bootin' fuck oot-y Mohsni, the Motherwell fans ran oan tae the pitch tae join in. Bae the time they wur aw oan, the players hud went up the tunnel, so they ran ower tae try an' start a fight wi' the Raynjurz supporters. Luckily, the Raynjurz fans stood aloof an' behaved wi' complete dignity.

In any other country, Motherwell wid've been flung oot the competition an' Raynjurz wid've been pit intae the Premiership. No' in Scotland, though. Nuhin' at aw wiz done aboot Motherwell until February 2016. Even then they goat a suspended sentence; they wur gonny escape punishment if they kept thur noses clean fur eighteen months. It wiz a fuckin' travesty. Wae jist hud tae react wi' dignity, though, take it oan the chin an' try wan mair time tae get intae the Premiership. That's if the cheatin' bastards didnae stoap iz again.

Chapter Four
Magic Hats

Durin' the summer-y 2015, wae goat wursel' a new, permanent manager. Naebdy hud heard-y the guy before, although wae heard thit ay'd been some kinna big noaise in youth fitba'. Ay'd been some kinna banker ur stockbroker ur sumhin' in London as well. Ay'd worked wonders it Brentford, takin' thum frae the English Furst Division intae the Championship. Ay hud loads-a fitba' contacts aw ower the place, so ay'd bae able tae secure some brullyint players fur Raynjurz. Ays name wiz Mark Warburton an' wae aw welcomed um tae Ibrox wae open erms.

Aw the duds frae Newcastle wur sent hame an' wae goat rid-y a few other players thit hidnae exactly been firin' oan aw cylinders, like Kris Boyd. Warburton signed loads-a new players, includin' Andy Halliday an' Martyn Waghorn, an' broat in some loans an' aw. Wi' the good players wae awready hud, wae wur definitely gonny go up tae the Premiership it the end-y this season.

Wur furst competitive match wiz against Hibs it Easter Road in the Petrofac Cup; a trophy thit wae'd tried an' failed tae win three times awready. Wae wur gonny hiv tae win it this time coz next year wae'd be in the Premiership an' teams in the toap tier wur excluded frae the competition. Winnin' the game against the spoon-burners wid also let evrybdy see thit wae meant business this time roon'. Wae fuckin' slaughtered Hibs 6-2 an' it wiz obvious thit Warburton wiz a manager tae be feared.

Of course, thur wiz stull a loat-a stuff in the background that needed dealt wi'. The finances needed soarted oot, even though the season tickets wur sellin' well again noo thit Mr King wiz in charge. Then thur wiz Ashley, who stull hud aw the retail business wrapped up. Thur wiz also the fact thit the crooks oan the previous board hid borrowed five mullyin quid frae Ashley; that wiz gonny hiv tae bae pyed back.

Thur wiz some good news tae bae hud, though. The polis wur lookin' intae aw the fraudery thit hud went oan it Raynjurz an' in September they arrested Big Fanny Baws, Craig Whyte an' Charles Green an' aw. Iz well iz that pair, the polis arrested some-y the wans thit hud worked fur Duff 'n Phelps, includin' Mary Whitehouse an' Petula Clark. They tried tae arrest Imran Ahmad tae, but he'd fucked off tae Pakistan an' refused tae come back, makin' up a loat-a shite aboot Raynjurz bein' fuull-a bigots an' the polis aw bein' Raynjurz supporters 'n 'at. Anywye, it least some-y the crooks wur gonny pye fur thur crimes.

In the league, Raynjurz won thur furst eleven games, scorin' thirty-four goals an' only concedin' six. Wur winnin' run wiz broat tae a halt bae Hibs an' a cheatin' referee. Hibs won two-wan, but we should've hud a penalty; iz usual, the referee wiz against us an' the claims wur waved away.

In fact, cheatin' wiz the order-y the day iz usual; the fitba' authorities wur determined thit Raynjurz wurnae gettin' back intae the toap tier. Another unbeaten run wiz broat tae an abrupt stoap when wae played Falkirk away. They goat a penalty fur fuck aw, an' then when Raynjurz goat a penalty, theyr goalkeeper wiz allowed tae move aboot aw ower the shoap.

Iz 2015 drew tae a close, Raynjurz wur toap-y the Championship, but only bae three points. A 4-2 defeat-y Hibs it Ibrox confirmed this superiority, but wae wid've been nine points ahead if it hidnae been fur they fuckin' cheatin' officials. It wiz a good joab wae hud a manager iz good iz Warburton ur wae'd-a been stuck somewhere in the middle-y the table.

Warburton wiz that good thit it seemed as if ay could work miracles; ay'd certainly worked miracles wi' the Raynjurz team, who feared nae cunt anymair. Evrybdy started singin' songs aboot um hivvin' a magic hat. Some folk even made thur ain hats, usin' Warburton's breid wrappers! Maist folk joined in an' thur wiz rarely a Raynjurz game went by withoot an assortment-a wizards' hats 'n the like. Suddenly, it wiz great tae be a bear wance again.

Thur wiz cheatin' as well when it came tae the League Cup. Raynjurz hud tae play in two qualifyin' rounds before Sellick an' the other wans frae the toap-y the Premiership came swannin' in. Hivvin' played mair games thin aw these cunts, it wiz obvious wae wur gonny hiv a hard time-y it. Wae goat beat three-wan bae St Johnstone it Ibrox in a completely unfair match.

Mind you, it wiz probably better tae bae oot-y this pissy competition so wae could concentrate oan the league, which wiz the top priority. A wee run in the Scottish Cup wid bae awright, but that wid jist bae a bonus; it wisnae too important. Thur wid bae nae point pittin' loads-a energy intae winnin' the Scottish Cup if wae ended up stuck in the Championship fur another year.

In November, the Court-a Session in Embra decided thit EBTs *wur* illegal. This wiz a load-a shite. Two courts hud awready ruled thit they wur perfectly lawful, so, really, HMRC wur losin' two-wan oan aggregate. BDO, the wans handlin' the liquidation-y the auld compny, pit in an appeal right away. No' thit any-y this concerned Raynjurz, coz it wiz owned bae a new compny but that didnae stoap aw the Raynjurz-Haturz shoutin' an' gnashin' thur teeth.

What aw the Tarriers an' assorted scum waanted wiz Raynjurz titles stripped aff thum. They wur aw moanin' aboot the Derek Nimmo Inquiry, sayin' thit it wiz wrang. They forget thit *they* used EBTs an' aw, especially fur that Junioreenyo guy. An' they wur aw involved in tax dodgin' wi' some scheme tae dae wi' makin' fulms ur sumhin'. Add that tae the dodgy land deals an' special interest rates frae the Co-Op Bank an' they'd some fuckin' cheek pointin' any fingers it us.

Also in November, wae hud wur furst AGM under the new board. Thur wiz nae shoutin' ur that this time, even though thur wiz bad news galore. The compny wiz showin' a loss-y seven-an'-a-hauf mullyin quid an' needed aboot two-an'-a-hauf mullyin quid fur expenses fur the rest-y the season. Stull, wae hud a mullyinaire in charge-y the compny noo, so wae'd nuhin' tae worry aboot.

Ashley stull hud the compny bae the balls an' hud been causin' aw manner-a trouble. Ay'd been takin' oot injunctions left, right an' centre an' hud even went tae court tae try 'n get Mr King pit in the jile. The judges aw laughed like fuck it um but ay stull managed tae stoap Resolution 11 even bein' pit forward it the

AGM. This resolution wiz tae stoap any cunt wi' shares in another compny thit owned a fitba' club frae hivvin' any votin' rights it Raynjurz. Evrybdy wid've voted that resolution through like a shot, but Ashley made sure they never goat the chance.

Iz wae moved intae 2016, the news emerged thit Ashley's loan hud been pyed aff. Wae hud tae borrow another six-an'-a-hauf mullyin tae dae this, but at least this money wisnae comin' frae emdy dodgy, like Ashley. It wiz shareholders in Hong Kong thit wur Raynjurz supporters thit lent the cash. That's the hing wi' bein' the Most Successful Club in the World; wae've goat fans aw ower the globe an' a loat-y thum ur rich.

Oan the pitch, hings couldae bae better an' wae went oan another unbeaten run frae the end-a December right up tae the Middle-a March, wi' only wan draw in among it aw. Iz well iz runnin' away wi' the league, wae hud a great run iz well in baith the Scottish Cup an' the Petrofac Cup. Wae wur that good thit wae hud the league title wrapped up oan the 5th-a April, a fuull month before Sellick won the Premiership. So began a glorious month fur Raynjurz.

Oan the 10th-a April wae played Peterheid in the Petrofac Cup final it Hampden. Wae beat thum four-nuhin' an', it long last, wae'd won the fuckin' hing! It wiz jist iz well, coz it'd huv been embarrassin' tae go up tae the Premiership withoot winnin' that trophy. Iz it wiz, wae'd won a trophy thit Sellick wid never win. No' thit they'd ever get the chance; nae matter what happened it thur rancid club, nae cunt wid ever demote *theym* doon tae the lower leagues.

An', talk-y the Devil, wae wur back it Hampden exactly a week later tae take *theym* oan in the semi-final-y the Scottish Cup. Nae cunt gied iz a chance in hell-y winnin'; they wur the champions, win't they; they hud tons-a money, din't they; an' we didnae hiv good enough players, did wae? The bookies hud theym doon iz the odds-oan favourites an' the hale hing looked like a formality. They reckoned withoot Warburton an' ays magic hat, though.

Wae played thum aff the pitch but they managed tae get two lucky goals so it wiz 2-2 it fuull time. Even efter extra time the score wiz stull the same iz they hud evry man crowded intae thur ain goal area. Of course, they wur haudin' oan tae see if it wid go tae penalty kicks. That wid suit theym fine; evrybdy knows they get mair penalties thin evry cunt else, so they've hud plenty-a practice.

Iz it turned oot, though, we won the penalty shoot-out. Ye should've seen thur fuckin' faces! Thur players wur ragin' an' thur supporters aw drifted oot wi' thur chins stuck tae thur chists. Meanwhile, we wur celebratin' like fuck, singin' *The Sash* an' *The Billy Boys* an' aw the auld favourites. Wae'd proved tae evrybdy in Scotland thit wae wur better thin the Taigs an' wae wur comin' back tae the toap tier tae take wur rightful place iz Scottish Champions.

The papers wur fuckin' blazin' an' aw, no' concentratin' oan how good we wur, but bangin' oan aboot Sellick no' playin' very well. Aw the Tarriers, meanwhile, wur oan thur terrorist-supportin' blogs, tellin' each other thit the Hampden pitch wisnae playable an' shite like that. Wisnae playable? *We* fuckin' played oan it awright. They wur aw sick iz fuck iz well when they seen the pictures y Lawwell an' Dermot Desmond, staunin' lookin' doon frae the executive boax wi' thur faces trippin' thum. It wiz brullyint!

Aff the field-a play hings wurnae lookin' too great. Ah don't mean the board ur anyhin', Ah'm talkin' aboot aw the crooks an' swindlers thit hud been robbin' Raynjurz blind fur years. It aw started in February wi' charges bein' drapped wi' some-y the wans thit hud been arrested. The went oan drappin' charges until, bae May, Craig Whyte wiz the only wan left. It wiz a fuckin' disgrace.

Never mind drappin' charges, they should've been arrestin' mair cunts fur aw the crimes thit wur done against Raynjurz. What aboot the Easdales? An' what aboot…well…aw the other wans? They wur aw gettin' away wi' murder, jist aboot. Ah bet ye if it'd happened tae Sellick they'd bae arrestin' evry cunt thit even owned a share!

So, wae aw hud tae take it oan the chin when the papers rubbed wur noses in it wi' stories aboot the chateau Charles Green boat wi' ays ill-gotten gains. Imran Ahmad wiz safely aff the hook an' aw, hidin' in Pakistan wi' ays loot. Mary Whitehouse an' Petula

Clark 'n aw the rest-y thum walked away laughin' it iz aw, thur poackets fuull an' naebdy botherin' thur arse aboot it. It least, though, wae'd hiv the satisfaction-y seein' Big Fanny-Baws get ays comeuppance.

Meanwhile, thur wiz the matter-y the Scottish Cup final, where wae wur facin' Hibs it Hampden. Efter wur victories in winnin' the Championship an' beatin' *theym*, wae wur oan a high an' expected tae win easy. Hibs, oan the other haun', hudnae won the Scottish Cup since the days-y horse-drawn breid vans an' wur well-known fur bottlin' it in big games. It wiz gonny be a walkover.

Gie Hibs some credit; they refused tae roll ower an' pit up a hard fight. Iz wae came tae the end-y the match it wiz two each an' it looked iz if extra time wiz beckonin'. Iz usual, though, the officials hud it in fur Raynjurz, addin' oan tons-a injury time tae gie Hibs a chance tae score. When they did, Raynjurz hud nae sooner re-started the match when the referee blew ays whistle. Then, aw hell broke loose.

Like savages, thousands-a AIDS-ridden junkies swarmed oantae the pitch. They didnae make fur thur ain players tae celebrate, though; they wur intent oan injurin', ur even murderin', the Raynjurz players. They aw crawled ower wan another in thur haste tae get tae oor players, haun's stickin' oot in front-y thum an' thur durty fingernails reachin' oot fur lumps-a flesh. An' they've goat the fuckin' nerve tae call us zombies!

Aw the Raynjurz players hud tae run fur thur fuckin' lives, but some-y thum didnae make it. They wur punched, kicked an' spat oan an' thur wur rumours thit Kenny Miller hud been murdered. The mental bastards hud puullt ays fuckin' heid aff but, luckily, they wur able tae sew it back oan again in the hoaspital. Ays wife hud tae go oan Twitter tae assure evrybdy thit ay wiz stull alive.

The cunts swarmed aw ower the goalposts an' smashed it tae matchsticks, then they looked fur sumdy ur sumhin' else tae attack. They clambered back intae the stands an' started smashin' up the seats; an' then they noticed the Raynjurz supporters.

Us Raynjurz supporters hiv always been good sports an' wae'd aw styed behind efter the final whistle tae applaud Hibs' achievement. It didnae matter thit wae'd been cheated; wae wur stull gonny cheer the winners. Some folk doon the front started shoutin' aboot wur players bein' attacked, although maist-y iz found it hard tae believe. Wae hud tae believe it, though, when wae seen some-y the bastards kickin' Kenny Miller's heid toward the Hibs goal. Wae aw seen red it that point an' a crowd climbed oantae the pitch tae protect wur team.

Aw the fuckin' Hibs junkies came it iz, armed wi' broken chairs, coarner flags an' bits-a goalpost. A fuull-scale battle wiz soon underway an' that gied wur players a chance tae run like fuck doon the tunnel. The joab done, aw the Raynjurz supporters climbed back tae thur seats, only tae hiv aw manners flung it iz bae the spoon-burners. It wiz only sheer luck thit naebdy goat killt.

Eventually, an' faur too late iz usual, the polis came in oan thur hoarses an' chased aw the thugs back tae thur seats. The Raynjurz team never came back oot tae collect thur runners-up medals; they couldnae, coz hauf-y thum wur oan thur wye tae hoaspital. Wae fun' oot later thit the players thit wur stull staunin' goat thur medals in the chynjin' room while they wur receivin' medical treatment.

The Hibs team didnae hiv a scratch oan thum as they came oot tae get *theyr* medals an' get presented wi' the cup. We cheered politely an' then left quietly, while aw the junkies started singin' the fuckin' awful *Sunshine Oan Leith*. They wur actually proud-y what they'd done; baith the cheatin' an' the thuggery. Bastards.

Iz ye wid expect, not a fuckin' hing wiz done aboot this disgraceful behaviour. Oh, aye, the papers an' the SFA wur shakin' thur heids an' waggin' thur fingers an' tellin' iz aw how shocked they wur but that didnae protect oor players, did it? Raynjurz hud tae publish an open letter, lettin' evry cunt know thit they wurnae gonny staun' by and see thur players assaulted. They praised aw the fans thit hid run oantae the pitch tae defend the team an' mair ur less promised thit the same hing wid happen again if the authorities didnae act. Did they, though? Did they fuck!

It the very least, Hibs should've been banned frae the next

year's Scottish Cup but, of course, that didnae happen. If thur wiz any real justice, the trophy should've been taken aff thum an' gied tae Raynjurz. The message thit wiz bein' sent oot wiz thit the Raynjurz players wur fair game fur evry hooligan, thug, junkie ur Fenian bastard.

Anywye, wae wur gauin' back up tae the toap division where wae belanged an' the good hing wiz thit wae widnae bae seein' much-y the spoon-burners. They'd been knoacked oot in the play-offs an' it served the durty, cheatin' bastards right!

Chapter Five
Back in the Toap Tier

Efter gettin' beat in the Scottish Cup semi-final, Sellick wur fuckin' shitin' thursel's aboot us comin' up tae the toap tier. Ronny Deila wiz sacked an' a new manager wiz broat in. Two-an'-a-hauf mullyin quid a year they wur pyin' the cunt. Christ, ye'd-a thoat they wur signin' Walter Smith ur sumhin'! The guy they signed wiz Brendan Rodgers; an' wi' a name like that ye jist knew ay wiz a Taig. Ay wiz frae Northern Ireland an' aw, which wid please the terrorist-supportin' Sellick fans.

Ay wiz a big, glaikit-lookin' cunt, wi' a smile like Bernie Winters. An' ays big gnashers stood oot even mair coz ay'd hud thum whitened. Ay'd failed miserably iz a manager doon in England, so ay thoat ay'd come up tae Scotland where it'd bae easier. Ay obviously hidnae noticed thit Raynjurz wur back but ay wiz probably countin' oan the cheatin' referees 'n 'at tae dae um a favour.

Rodgers fancied ays-sel' iz a bit-y a ladies' man an' hud been pictured hingin' aboot wi' hur thit used tae be in *The Big Breakfast*. Ays maist famous conquest, though, the wan thit wiz in aw the papers, wiz wi' Chelsea Hardwood, a well-known tranny. Accordin' tae hur/him, Rodgers wiz right in there an' it wiz difficult tae tell who hud the maist hard wood! Durty bastart!

Thur wur aw manner-a stories aboot um hingin' aboot nightclubs 'n 'at, as if ay wiz a teenager ur sumhin'. Weirdly, aw the Taigs wur celebratin' this cunt's arrival an' aw went tae Sellick Park jist tae see um. They honestly thoat this tragic twat wiz gonny bae a match fur a magic hat!

In July, Sellick played thur furst competitive match in the Champions League qualifiers against a wee team frae Gibraltar, called Lincoln Red Imps. They wur playin' oan the Twelfth an' God must've been lookin' doon oan thum, coz they goat beat wan-nuhin'! It wiz fuckin' hilarious tae see aw thur faces an' read aw the excuses made fur thum in the papers. They wur shite, an' they knew it.

Meanwhile, Raynjurz went ower tae America tae play against wan-y thur best teams, Charleston Battery. Even though thur wiz a big, fuckin' storm thit held up the start-y the match, wi' rain an' lightnin' aw ower the shoap, this never pit Raynjurz aff thur stride. Wae came oot two-wan winners, settin' iz up nicely fur the new season. Efter aw, wae widnae bae facin' emdy iz good iz Charleston Battery in Scotland.

The season started up on the 16th-a July wi' the group stages-y the League Cup. This wiz the new format thit wiz another name fur cheatin' evry cunt. Aw the teams takin' part hud tae fight thur wye through the group stages, except fur the wans playin' in Europe. This meant thit Sellick, Aberdeen Hearts an' they cheatin', junkie bastards, Hibs aw goat a by intae the knock-out rounds. It wiz obvious what team this wiz intended tae benefit. Only wan team in Scotland wiz guaranteed European fitba' evry year an' the hale set-up wiz jist tae make sure thit they won the League Cup an' aw. It wiz hardly worthwhile takin' part.

Raynjurz started aff wi' a two-nuhin' win against Motherwell an' then went oan tae win evry game in thur group. In fact, between the league an' the League Cup, Raynjurz went oan a nine-game unbeaten run. Then it wiz nearly time tae play *theym*. Furst, though, wae hud a wee jaunt ower the waater tae meet some auld freen's.

Wae hudnae played Linfield fur a good while an' it wiz long past time wae met up. It wiz like the Twelfth aw ower again iz wae goat thigither in Loyalist pubs an' clubs, an' even oot in the street, tae hiv a few jars an' a good, auld sing-song. Even it the match thur wiz a friendly atmosphere an' wae didnae need tae listen tae any terrorist songs ur shite like 'You're no' Raynjurz enny more'. It's jist a pity thit Scotland cannae be mair like Ulster; withoot aw the Taig terrorists, of course.

The match itsel' showed again the superiority-y Raynjurz. Seven-nuhin' wae beat thum; an' Linfield's a good team an' aw. It jist shows ye how well Raynjurz kin really dae when they don't hiv tae contend wi' cheatin' referees. It should bae made a rule in Scottish fitba' thit Kafflicks urnae allowed tae be match officials.

While Sellick wur signin' a new manager an' some new players, Raynjurz hudnae been staunin' still. We signed a stack-a new players an' aw, includin' Niko Crankjar, Josh Windass an' Philip Senderos. The maist reported-oan signin', though, wiz Joey Barton. A loat-y iz wurnae too sure aboot this cunt; ay'd been known tae be a bit-y a terrorist sympathiser before oan Twitter 'n 'at. Ay wiz also infamous fur bein' a hot-heid an' hud even spent time in the jile fur beatin' sumdy up. Stull, we're an all-inclusive club, so the guy deserved a chance.

Anywye, it wiz time tae go tae that dump it Parkheid an' play Sellick. The papers an' the bookies 'n 'at didnae hink wae hud a chance against the tainted champions but, wi' Warburton in charge, we feared nae cunt. Wan bit-a good news wiz thit thur toap goalscorer, Griffiths, wiz oot injured. Ay wiz bein' replaced bae wan-y the new players, Dembele, who didnae look up tae much.

Iz ye probably awready know, wae goat beat five-fuckin'-wan bae the cunts, wi' that Dembele wan scorin' a hat-trick. The usual bit-a cheatin' went oan an' Raynjurz hud tae play maist-y the game wi' ten men, efter Senderos wiz sent aff fur fuck aw. It hud tae be admitted, though, thit wur team didnae quite look up tae the task. Some chynges wur gonny hiv tae be made.

The maist useless cunt oan the pitch wiz Barton. Efter aw ays boastin' in the papers 'n 'at, ay wisnae even hauf the player ay made ayssel' oot tae be. Scott Brown isnae much-y a player but ay ran rings roon' Barton. Durin' the hale match, Barton jist wandered aboot, like a dug lookin' fur a place tae shite. The game jist went oan roon' aboot um an' ay'd-a been iz well no' bein' there at aw.

Efter the game, Barton wiz stull iz big-heided iz ever an' blamed aw the rest-y the team fur the defeat. Ay startit a fight in the chynjin'-room an' even hud a go it Warburton. It wiz obvious thit the cunt wiz nuhin' but a troublemaker, iz ay always hid been, an' moves wur made tae get rid-y um. Of course, he couldnae see thit any-y it wiz his fault an' ay went oan Twitter tae moan. Luckily, ay never played fur Raynjurz again an' wiz booted oot fur good in November.

The next two games efter the Sellick wan wur disasters an' aw. A nuhin'-each draw wi' Ross County it Ibrox wiz followed bae a two-wan defeat tae Aberdeen it Pittodrie. Thur started tae be rumblin's in the papers an' oan Raynjurz forums thit mibby Warburton wisnae up tae the joab-y managin' Raynjurz in the Premiership. Naebdy wiz callin' fur um tae bae sacked jist yit, but questions wur bein' asked aw the same.

Oaff the field, hings seemed a bit quieter. Aye, thur wur lawsuits frae Raynjurz against Ashley an' frae Ashley against Mr King, but thur wur nae big cases gauin' oan it the present time, except fur the wan against Whyte. The cunt hud the fuckin' nerve tae plead 'not guilty' it ays prelimininary hearin'; but that wisnae the worst hing. Ay wiz gonny bae represented bae Donald Findlay, who used tae be a Raynjurz director. How this guy, who used tae sing *The Sash* wi' the best-y thum, could be such a traitor wiz beyond belief. Ah'm no' the only wan thit wid boot fuck oot um if ay ever shows ays face near Ibrox again!

In October wae went oan another wee unbeaten run in the league but, in the League Cup, wae hud tae play *theym* again in the semi-final. Hings wur set up in Sellick's favour right frae the off; they'd only played two games in the competition before meetin' Raynjurz, while we'd hud tae play six. The usual cheatin' gied Sellick a wan-nuhin' victory, wi' Raynjurz denied a stonewall penalty. They wur haudin' oantae an' climbin' aw ower oor players an' aw an' a few rid cards should've been flashed. But that's Scotland under the Feenyin SNP fur ye!

Wae continued tae be unbeaten in the league intae November up tae the 30th, when wae goat beat two-nuhin' it Tynecastle. Yit again, though, wae wur fuckin' cheated, wi' a perfectly good goal chalked aff fur oaffside. Awright, it wiz jist wan goal an' they scored two, but that kinna hing makes players heids go doon an stoaps thum frae playin' it thur best. The fitba' authorities wur determined thit Raynjurz wurnae gonny win the league.

Next up wiz Aberdeen it Ibrox. Wae won that yin two-wan, even though the referee added oan tons-a injury time tae gie theym a chance. They managed tae score wan but the cunt in the middle hud tae blow ays whistle before they could manage another yin. A week later, wae beat Hearts two-nuhin' an' then thur wiz another victory against Inverness, followed by a draw wi' St Johnstone. Aw this meant wae wur firmly in second place when it wiz time tae face *theym* it Ibrox.

The game wiz it lunchtime oan Hogmanay an', since wae widnae bae playin' again tae the end-a January, it wiz decided tae haud a minute's silence before the match fur the wans thit died in the Ibrox Disaster. Iz usual, they durty, heartless, terrorist-supportin' bastarts couldnae keep quiet fur a hale minute. Thur wur the usual coughs an' wan cunt shouted oot, 'Ah hope yez *aw* die!' They really ur a disgustin' bunch; nae respect fur fuck aw.

Kenny Miller scored furst but, really, oor players didnae seem up tae the challenge an' Sellick ended up winnin' two-wan. Tae bae honest, Ah think oor players wur upset an' angry ower the wye the minute's silence hud been ruined. Ye cannae play properly when yer mind's no' oan the task at haun' an' it showed. Probably that wiz the reason the Taigs started shoutin' durin' the silence; nae doubt that cunt Lawwell asked thum tae dae it. Thur's no' a shred-a dignity among thum.

As if hings wurnae bad enough, that prick Leigh Griffiths decided tae come oantae the pitch it fuull-time tae try an' cause trouble. Ay hidnae even took part in the game but thoat ay'd dae sumhin' tae amuse ays scummy fans. Sumdy threw um a Sellick scarf an' ay tied it oantae wan-y the goalposts. Ay could've started a riot, which is probably what ay waanted; that lot love that kinna hing.

Wance the fitba' started up again efter the winter break, hings wur lookin' awright when wae beat Motherwell two-nuhin'. The rot soon set in again, though. Wae goat fucked four-wan it Tynecastle an' then goat held tae a wan-wan draw wi' Ross County it Ibrox. Aw the wans thit waanted rid-y Mark Warburton started up again. This time, though, they goat exactly what they wur lookin' fur.

Nottinnum Forest hud goat rid-y thur manager an' wur lookin' fur a new yin. The papers wur aw sayin' thit Warburton wiz favourite tae get the joab an', sadly fur him, he believed it. Him an' ays backroom team pit in thur resignations, sayin' they wur gauin' tae Nottinnum. Then aw the papers wur fuull-y the news thit Forest hud decided tae stick wi' Gary Brazil, thur caretaker manager. Warburton an' ays crew went crawlin' back tae the Raynjurz board, sayin' thit they hudnae really meant tae resign. They wur tellt, quite simply, thit they could get thursel's tae fuck.

An' so, Raynjurz wur left wi' nae manager. Luckily, the coach-y the development squad, Graeme Murty, stepped intae the breach. Meanwhile, the papers started tae speculate oan who the new, permanent, manager might be. Names like Alex McLeish, Frank De Boer, Derek McInnes an' Billy Davies wur bandied aboot. Aw the supporters waanted Walter Smith back, but it wisnae very likely tae happen.

Losin' the coachin' team obviously hud an effect oan the players an', in wur next two games, wae goat beat wi' Dundee an' Inverness. Fortunately, they puullt thursel's thigither an' beat St Johnstone before it wiz time, again, tae go tae the East End midden. Before that particular match, though, Raynjurz hud an important announcement tae make. They'd fun' a new manager.

This guy's name wiz Pedro Ca… naw, let's jist call um 'Pedro'; fuck knows how ye say that funny, foreign surname. Naebdy'd ever heard-y um before an' Ah've a feelin' thit the Raynjurz board pit a massive bet oan it the bookies; they'd huv goat at least a hunner-tae-wan oan um. While evrybdy wiz lookin' aboot wi' puzzled expressions, askin' 'Who?', the papers went tae town tae make um look like the best manager ever.

That's the hing wi' the Raynjurz-hatin' meeja in this country; thull dae anyhin' tae gie oor club a bum steer. They certainly bummed up Pedro. Ay used tae be a bullfighter an' liked tae gallivant aboot oan motor boats. Ay'd also studied an' worked wi' Mourinho an' hud worked wonders wi' teams in Mexico an' Qatar. The wye they spoke aboot um it wiz surprisin' thit Real Madrid ur Barcelona hudnae awready snapped um up.

The big problem, though, iz faur iz we wur concerned, wiz thit ay wiz wan-y *theym*. Thur's nae wye thit a Feenyin should ever bae in charge it Raynjurz; it's jist no' oan. Noo, don't get mae wrang;

Raynjurz is an all-inclusive club an' wae've hud plenty-y *theym* playin' fur iz, but that's iz faur iz it should go. Feenyins ur awright when ye've goat sumdy tellin' thum what tae dae, but a Feenyin in charge is against the natural order-a hings. Thur aw broat up tae dae what the Pope an' aw the priests tell thum tae dae an' they jist cannae cope wi' managerial positions. Ye see it in workplaces aw the time. That's why the Masons wur set up; tae stoap *theym* gettin' intae positions-a power. They'd hiv the hale country ruined in a fortnight.

Some folk'll try an' tell ye thit foreign Feenyins urnae iz bad as the home-grown wans, but thur jist the same; aw beads, caun'les an' Hail Marys. They spend that much time oan thur fuckin' knees thit they don't know the furst hing aboot tellin' sumdy else what tae dae. Thur's also the danger, if wan-y thum gets tae be a fitba' manager, thit thull always set the team oot tae get beat bae Sellick. Evrybdy knows thit thuv aw been tellt bae the Pope thit Sellick huv tae bae allowed tae win it aw costs; except when thur playin' against another Feenyin team in Europe.

Anywye, wae aw jist assumed thit the board knew better thin us an' wae'd see how it went. Pedro decided tae wait tae efter the Sellick game tae take charge, leavin' Graeme Murty wi' the team in the meantime. It wiz a good idea; nane-y iz wid bae too happy if ays furst game in charge wiz a defeat tae *theym*. So, ay jist took ays place in the Directors' boax an' watched the match like the rest-y iz.

The match wiz certainly worth watchin' an' wiz a brullyint swan song fur Murty. Wae wur aw ower thum but, fur some reason, wae jist couldnae get a goal. They'd scored a lucky wan in the furst hauf but hardly goat near oor goal efter the break. Eventually, in the closin' stages, big Clint Hill stepped up an' scored the equaliser. The Taigs wur pig-sick an' reverted tae thur usual, always-cheated-never-defeated shite. Accordin' tae theym, they should've hud a penalty, even though it wiz a perfectly good tackle bae Hill oan Leigh Griffiths. They jist cannae take it at aw when they don't win.

When Pedro took ower, hings went okay fur a wee while. Wae drew two games an' won three, includin' a four-nuhin' victory ower Hamilton. The big test wiz comin' up, though: a double-header against Sellick. Wae wur facin' theym it Hampden in the Scottish Cup semi-final oan the 23rd-a April an' then, six days later, they wur comin' tae Ibrox fur wur last league game against thum. Wid Pedro bae able tae overcome ays natural inclinations an' let ays Prodissint team win?

Sellick hud awready won the league bae this point, so the Scottish Cup wiz Raynjurz' only chance-a silverware this season. The truth wiz, though, thit wae hud nae chance; no' wi' Pedro in charge. Ay set the Raynjurz team up tae get beat an' that's exactly what happened. Two-fuckin'-nuhin' wiz the score an', jist tae pit the tin hat oan hings, wan-y they goals wiz frae a penalty. Is thur ever a game where they *don't* get a penalty ur the opposition get denied wan?

As if hings wurnae bad enough it Raynjurz wi' iz bein' hated bae the hale-a Scottish fitba', the fitba' authorities an' aw the meeja, noo wur ain manager wiz against iz an' aw. That wiz proved beyond doubt nearly a week later wi' the league game between us an' *theym* it Ibrox. Five-wan wiz the score an' the least sayed aboot it the better.

The next match wiz it Firhill an' wiz a landmark occasion. Sellick hud awready won the league, so the aim fur Raynjurz noo wiz securin' European fitba' fur next season. Beatin' Partick Thistle meant thit wae wid end up in third place it worst, so wae'd definitely be competin' in the UEFA League. Of course, wae celebrated, iz emdy wid, but, iz usual, wae goat slagged oaff in the papers fur daein' it. Ah mean, fur fuck's sake, wur no' even allowed tae celebrate noo!

Third place wiz where wae ended up, but no' before Calamity Pedro loast iz yit another game. This time it wiz Aberdeen, who beat iz two-wan. It wiz the furst time Aberdeen hud won it Ibrox since 1991 an' wiz a disgraceful wye tae end the season (well, jist aboot). It certainly didnae bode well fur next season.

Thur wiz wan other hing thit didnae bode well. Evryhin' hud been quiet oan the court front but, in March, the off-field troubles came back wi' a vengeance. David Somers (mind-y him?) went tae the Takeover Panel an' tellt thum thit Mr King an' the wans thit boat shares roon' aboot the same time hud been actin' thigither. A concert party, it wiz called: folk aw clubbin' thigither tae buy shares. It wiz a load-a shite but the Takeover Panel hud believed evry word Somers came oot wi'.

Of course, Mr King appealed an' the judgment thit wiz haunded doon in March 2017 wiz frae the Takeover Appeal Board. The cunts fun' against Mr King an' demanded thit ay pit in an offer fur aw the shares no' owned bae him ur the other wans. Iz Mr King sayed, the price thit ay wiz tae offer wiz jist 20p a share; nae cunt wiz gonny sell it that price. Since the hale hing wiz a complete waste-a time, Mr King jist ignored it an' Raynjurz jist went aboot thur business iz normal.

Chapter Six
A Feenyin Infiltrator

Durin' the summer thur wiz brullyin news fur aw the Raynjurz fans. Mr King showed ays shrewd business mind in negotiatin' a new deal wi' Mike Ashley an' Sports Direct. Noo it wiz Raynjurz thit wid bae gettin' maist-y the money frae the retail side. Naebdy'd boat anyhin' oot the Raynjurz shoaps fur ages coz-y aw the money gauin' tae Ashley, so they wur aw desperate tae get thur haun's oan a new tap. The replica taps aw sold oot the very day the new deal wiz announced an' Raynjurz must-a raked in a fortune.

Thur wiz some bad news, though, no' fur Raynjurz but fur the creditors-y the auld compny. The Supreme Court decided thit EBTs wur illegal an' thit HMRC hud furst claim oan any money thit BDO had managed tae raise. Iz Sir David Murray sayed, it wisnae fair oan aw they wee businesses. HMRC should bae ashamed-y thursel's fur thur Kerry-oan, fiddlin' that money oot-y folk thit needed it mair.

Of course, Sellick wur straight in there, sayin' thit the Derek Nimmo hing hud been proved wrang an' thit thur should bae another enquiry. No' content wi' the tainted titles they've awready goat, thur wantin' tae steal Raynjurz' fairly-won titles an' aw. Unluckily fur theym, the fitba' authorities disagreed wi' thum. Iz they sayed, thur wiz nae appetite fur strippin' titles. Except among the Feenyins, of course!

An' thur wiz even mair bad news. Again, it didnae impact oan Raynjurz directly but it affected evrybdy thit likes tae see justice done, the wye The Peeppul dae. Efter weeks-y evrybdy connected wi' Raynjurz an' the auld compny gettin' dragged oantae the stand, the jury in the Craig Whyte case finally came oot wi' a verdict. Unbelievably, ay wiz fun' Not Guilty. How the fuck did they manage tae reach that decision?

A parade-a famous Raynjurz names wur quizzed upside-doon bae that cunt Donald Findlay, includin' Walter Smith an' Ally McCoist. The bastard twisted hings aboot tae make it look iz if Sir David Murray wiz the crook an' no' Whyte. Evrybdy noticed, though, thit Findlay didnae pit ays client oan the stand; ay wiz probably feart thit the prosecution wid tear um tae bits. The hale hing wiz a fuckin' farce an' Sir David should bae suin' that cunt Findlay fur liable.

The jury only too two oors tae come tae thur decision, which suggests thit they wur aw Taigs. They should-a been ponderin' the verdict fur days but they probably awready hud thur minds made up before gauin' intae the jury room. In fact, they probably hud thur minds made up before the trial even started! Nae doubt they aw jist sat in the jury room singin' IRA songs fur two oors tae make it look iz if they'd discussed the case. Bastards!

It wiz mair thin mere flesh an' blood could staun', seein' Big Fanny Baws walk oot that court a free man. The Feenyin bastards in the polis, though, wur aw there tae make sure nuhin' happened tae um. It made ye feel fuckin' sick seein' thum aw laughin' an' jokin' wi' the thievin' bastard. Ah hink ay'll know better thin tae ever turn up in Glesca again. An' iz fur that turncoat bastard Findlay, if Ah ever see um outside ay's fuckin' gettin' it. Ah might bae sufferin' frae gout but a kin stull swing oan ma crutches an' gie um a right good boot in the fuckin' baws!

Also durin' the summer, Pedro went oan a spendin' spree, bringin' in players frae Mexico an' Portugal, includin' Portuguese international Bruno Alves. The team wiz gettin' a much-needed overhaul an' some-y the deid wid thit Warburton hud signed wiz flung oot the door. The team wiz gonny hiv tae gel quick, coz wur European campaign wiz due tae start it the end-a June.

Wur furst game wiz it Ibrox, against a team frae Luxembourg, called Progres Niederkorn. It wiz a bit-y a shock tae discover thit they hiv mair thin wan fitba' team in Luxembourg, coz the hale country's only aboot the size-a Castlemilk! Even mair-y a shock wiz the fact thit wae only beat this wee diddy team wan-nuhin'. Stull, the expectation wiz thit wae'd slaughter thum in the second leg.

Some-y the Raynjurz support hud been complainin' thit thur wur wan ur two players weerin' boots thit wur green; a colour thit hid nae place in a Raynjurz team. Pedro decided tae dae sumhin' aboot this an' banned the team frae weerin' anyhin' green. Ay sayed thit green wiz the colour-a Sellick an' Raynjurz players shouldnae bae weerin' it. Ay also sayed thit ay wiz gonny get 'We Are The People' stamped oan the chynjin' room wa'. This wiz aw welcome news, but wae stull didnae quite trust the cunt.

Iz wae goat ready tae go tae Luxembourg, the papers hud mair tae say aboot Progres Niederkorn. No' only hud they never won a game in Europe, they'd never even scored a goal before! It looked like aw wae needed tae dae wiz turn up an' wae wur through tae the next round. Wae'd reckoned withoot Pedro, though.

Never mind green boots, the players wid've been iz well weerin' work boots wi' big steel toecaps the wye they lumbered aboot the pitch. Naebdy looked iz if they'd any idea what they wur daein' an' some folk wur wonderin' if they'd even practised fur the match. Progres hudnae ever scored a goal in Europe before the game but, by fuck, bae the end-y it, they'd scored two. That wiz us oot-y Europe before the competition hud even startit in earnest. It wiz a fuckin' embarrassment.

A loat-a fans confronted Pedro efter the match, tellin' the Feenyin cunt tae get tae fuck oot wur club. Ay'd the fuckin' nerve tae staun' there arguin' back! Thur wur wans thit hud tae drag um away iz ay tried tae storm through a bush tae gie the supporters a square go. Never mind um bein' a Feenyin, it wiz beginnin' tae look iz if ay wiz fuckin' mental.

The longer hings went oan, the mair-y a heidcase Pedro looked. The papers aw lined up tae quote um; ay wiz comedy gold iz faur iz they wur concerned. Ay came oot wi' hings aboot cycles, caravans, dugs an' fuckin' vampires. Nae cunt hud the furst idea what ay wiz oan aboot; probably he didnae hiv a clue either. That's the hing: it's easy tae convince people thit yer mental an' then they don't look too closely it the fuckin' mess yer makin'-a hings.

The league campaign started oaff awright, wi' a two-wan victory ower Motherwell, but then hings started tae go doonhill. Wae goat beat it Ibrox bae the spoon-burners an' then wae hud a miserable nuhin'-each draw wi' Hearts. It looked iz if Pedro wiz just gonny fuck hings up the same iz ay done the season before.

That's the hing, though, fur aw ays mental talk an' actin' like a bam, thur wiz nuhin' wrang wi' Pedro; naebdy's that crazy. The hale hing wiz a pit-up joab tae hide the fact thit ay wiz there tae undermine Raynjurz. An', by God, ay wiz daein' a good joab-y it. If the board didnae get rid-y um soon, thur wiz a good chance thit Raynjurz wid end up bein' relegated again.

When wae faced *theym* again it Ibrox it wiz obvious thit sumhin' wiz seriously wrang. Wae wur lucky thit aw they scored wur two goals iz they wur aw ower iz. It showed how the team felt aboot thur manager when Josh Windass did a slidin' tackle oan um an' sent the cunt flyin'. Ay wiz gonny hiv tae go.

It the end-y the match, that wee cunt Leigh Griffiths went tae dae ays trick-a tyin' a scarf tae the goalpost again. Ay wiz determined tae cause trouble. That wiz twice ay'd done it it Ibrox an' ay even done it when Sellick played against the pride-a Belfast, Linfield. Nae wunner they threw hings it um! This time, though, ay wiz gettin' naewhere near the goals. A group-a big, burly security men stood in front-y thum, leavin' the troublemakin' bastard staunin' there, shitin' aysel', wi' ays scarf in ays haun'. It least ay hud sumhin' tae wipe ays arse wi'!

Mr King came ower fur the League Cup semi-final it Hampden an' hud tae sit an' watch ays team get beat two-nuhin' bae Motherwell. An' then, a couple-a days later, ay hud the embarrassment-y watchin' a borin' wan-wan draw wi' Kilmarnock it Ibrox. That's when ay decided enough wiz enough.

Pedro goat dragged intae the boardroom and wiz tellt tae take ays cycles, dugs, caravans an' vampires an' get ayssel' tae fuck. It took some time before the board realised what wiz gauin' oan; it took an astute businessman-y the calibre-y Mr King tae soart hings oot.

It wiz a pity thit Mr King couldnae be aboot aw the time tae make sure thit naebdy like Pedro managed tae sneak intae the club again. The hing is, though, thit Mr King's goat fingers in a loat-a pies an' ays goat tae take care-y aw ays businesses. Ye don't get tae be a billionaire bae sittin' aboot oan yer arse!

It wiz the papers that hid persuaded the Raynjurz board thit Pedro wiz the man fur the joab, wi' aw thur shite aboot um bein' an Action Man an' a brullyint manager 'n 'at. The truth wiz thit ay'd probably jist cleaned Mourinho's boots fur um wance an' that's what the papers called 'workin' wi' um'. The Action Man stuff wiz nae doubt a load-a shite iz well. Kin ye see that cunt gauin' aboot in a speedboat? A fuckin' wean's pedalo, mair like. An' Ah bet the nearest ay's been tae bullfightin' hiz been tacklin' a steak dinner. Feenyin bastard!

Mr King made sure thit the board widnae bae swayed again bae the papers an' the dependable Graeme Murty was pit back in iz manager tae salvage sumhin' frae the rest-y the season. The Scottish Cup hisnae started in earnest yit an', although wur eleven points behind Sellick in the league, it's no' insurmountable. In fact, if Pedro hudnae made such a cunt-y hings an' wae'd won they games wae loast an' drew, wae'd actually bae sittin' it the toap-y the table. Thur's stull evry chance wae could be seein' title number 55 it the end-y this season.

That's assumin', of course, thit wur allowed tae win anyhin'. Thur's stull a loat-a dark forces oot there tryin' tae destroy Raynjurz. The latest attack hiz come frae the Court-a Session. A Feenyin judge ruled thit Mr King hiz tae dae what the Takeover Appeal Board sayed an' make an offer fur aw they shares. Thurs talk-y 'Cauld Shooders' 'n 'at an' Raynjurz no' bein' able tae dae business wi' emdy.

Thuv been tryin' tae kill oor club noo fur aboot six years an' hivnae managed it yit. Thull keep oan tryin', though, an' wae aw need tae stick thigither against aw the Raynjurz-Haturz oot there. Iz long iz The Peeppul ur aboot, though, thur'll always be a Raynjurz. An' it sticks in aw thur fuckin' craws.

Raynjurz then, Raynjurz now, Raynjurz forever.

WATP.

Printed in Great Britain
by Amazon